なぜ元ビジネスパーソンが

禅を学んで楽に生きられるようになったのか

人生100年時代を生き切る智慧

櫻井新悟 著

セルバ出版

亡き父と母に捧ぐ

はじめに

私は今年で還暦を迎えました。

還暦というと、まだ20代の頃の私にはかなり先のことであり、また年老いたイメージでした。

しかし、実際にその年齢になると、外見はともかく本人はまだ40代半ばくらいのつもりで毎日を駆け抜けていると思っています。

そんな私が、突如「出版しなきゃ」と思い立ち、筆を取り始めたのです。

それまでは、何度か出版についてすすめられたり、出版社からもお声がけいただいたりする機会はありましたが、全く触手が伸びず、目もくれませんでした。それが、なぜこうして何かに突き動かされるように書き始めることになったのか不思議でなりません。

私は、２０２１年の57歳のときに会社を辞め、独立起業しました。これもおかしなもので、全く無計画で動かされるように独立しました。

52歳で転職して、ドイツに駐在をしていたのですが、この間に母が他界。

1人暮らしが困難な父には施設に入居してもらったタイミングでコロナが始まりました。

当然といえば当然ですが、誰も経験したことのないパンデミックです。施設も保守的にならざるを得ません。それでも事実上狭い部屋に軟禁されているような生活では、流石の父も日に日に生気を失っていく様子が電話口でも感じ取れました。

母の死に目に会えなかったことも自分では悔いとして残っていた中で、このまま父も看取れないという選択肢が自分の中にないことははっきりしていました。

執行役員という立場でしたので、CEOに事情を説明して、退職を申し入れました。帰国して、父を引き取り、どのような生活リズムとなるのかをまず確認してから、仕事のことについては考えようという心持ちで独立をしました。

正直この時は、何とかなるであろうという気持ちが半分、いくら何でも無謀かなと思う気持ちが半分でした。

コーチの資格含め、いくつか資格を持っていたこと、企業人として海外法人の社長も含め様々な経験をしてきたことで、何か仕事はあるのではないかとどこかで思っていました。

一方で、やりたいことが1つありました。

それは、私と同世代でもあるミドルシニア・シニア、特に大企業に勤める方々がもっと活き活きと働くために何か力になりたいという思いでした。

誰もが日本の少子高齢化の問題や社会保障費が今後逼迫し、私たちの子供世代や孫世代に過剰な負担を強いることになるかもしれないことを知っています。また、人生100年時代において、65歳で会社生活を引退したとして、社会との関わりを持たずに家で引きこもってしまう状態になってしまっては、ますます認知症の方が増え、現在の想定以上に社会保障費が膨れ上がることもまんざら冗談ではなくなってきています。

どんな方でも自分の子供世代に迷惑をかけたいとは思っていないはずです。しかし、そのように思っていることとやっていることが実際には噛み合っておらず、残念ながらその考えはまだまだマジョリティ（多数派）ではないのかもしれない？　という疑念が私の中で払拭できずにいます。

「働かないおじさん」だとか、「ぶら下がり族」だとか、様々な表現で揶揄されていますが、皆さん1人ひとりには、まだまだ素晴らしい可能性が残っているのです。

私が２０２１年に受講生という立場で参画させていただいた経産省・JETRO主催の「始動」というプログラムで、ミドルシニア・シニアの活性化事業をプレゼンした際、メンター含め、ほとんどの方の反応は、「残念ながらどの企業もシニア層には予算をつけません」、「50歳以上になったら人は変わりません」といった否定的な意見でした（あくまでも事業性に対してではありますが）。確かに当時いくつかの企業にヒアリングをしても消極的な答えであったことは事実です。

それでも、「50歳以上になったら人は変わらないとは、一体誰が決めたのか！」と、現に私は変わりましたので、この時は「何くそ！」とハートに火がつきました。

最近は、ようやく企業の中でもシニア層の活躍が今後も事業を継続していく鍵となるのではないかと認識して、少しずつシニア層に投資をする会社が増えてきました。肌感覚ですが、「自分も変わりたい」というミドルシニア・シニアも増えてきていると感じています。

本書は、私の半生を振り返りながら、私が何をきっかけにどう変わったのかを私の体験としてお示しし、ミドルシニア・シニアの方にエールを贈るとともに、これからの時代を背負って立つ若き経営者、あるいは目指されている方にも私自身の「生き様・有り様」が参考になればと、認《したた》めました。

初めて世に出す本でもあり、拙い文章についてはご容赦いただければと思います。ただし、その分、私自身の魂を一文字一文字に込めています。

最後までお読みいただければこれ以上ない幸せです。

どうか必要な皆さまに届きますように。

2024年9月

櫻井 新悟

なぜ元ビジネスパーソンが禅を学んで楽に生きられるようになったのか
～人生１００年時代を生き切る智慧　目次

第6章　五感を取り戻す

第7章　楽に生きるための8つのこころの持ち方

第8章　これからの時代に必要なもの

第1章　人は年齢に関係なく変われる

1　いつから素直でいづらくなった？

私自身、幼少時のことは正直はっきりと覚えていないのですが、近所のお子さんを見ていると、やはり幼稚園くらいまでは、みんな喜怒哀楽を顔にすぐ出しながら、その瞬間瞬間を生きている気がします。

私の場合は、4つ下に弟がいるのですが、両親や周りの大人から、「お兄ちゃんだから」という言葉がついて何かと周りの顔色を伺いながら、少しずつ自分の感情を誤魔化して相手に気に入られるようにし始めたような記憶があります。

私は2022年に熊本在住の心理セラピストである池田登先生から約半年、脳科学の考えも取り入れた心理学を勉強させていただきました。このような誤魔化した感情を「ニセモノの感情」と呼ぶのです。

では、スーパーでお母さんにお菓子を買ってもらえずに大きな声でギャーギャー泣いている幼稚園児と、その姿を見て「ちょっとあの子みっともないでしょ、○○ちゃんはあんなことしないでね」と言われ、本当は自分も買って欲しいお菓子があるのに黙っていい子にしている幼稚園児。

さあ、あなたはどちらの子供が人間らしく生きていると思いますか？

禅については、また後段でじっくりと触れますが、前者の子供は禅でいうところの「三昧（ざんまい）」の状態にあります。三昧とは元々サンスクリット語の「サマディー」が音写された言葉です。

サマディーは、ある1つのことに集中する様子を表しています。つまり、お菓子が欲しいなら、「お菓子が欲しい！」とギャーギャー騒ぐことに集中している状態です。もっというと「今に生きている」といえるかもしれません。それに対して、後者の子供は親に対して忖度をしている状態で、「本当は、今自分はお菓子が欲しい！」という「今」の状態を押し殺してしまっています。

小学校に入学すると、成績というものをつけられることによって、また「今」を押し殺す場面が増えることになります。本当は遊びたいけれども、宿題をやらないと成績が悪くなるし、親からも勉強しなさいと言われる。この思考回路自体がすでに周りに左右されており、自分の持っている「今」をなくしてしまっています。

このように、どんどん成長するにつれ、様々な社会的に適合しなければならない呪縛によって、幼稚園児の頃まで持っていた「素直さ」というものを私たちは徐々になくしてしまっているのではないでしょうか？

2　今から思えばついていた小学校時代

私は、父の仕事の関係で小学校2年生から小学校5年生の4年弱の間、アメリカで過ごすことになりました。50年以上前の話です。

当時は、現在のように日本人学校が整備されている環境ではなく、すぐに現地校に編入することになったのです。

幸いにも、英語が問題なく話せる日本人の女の子がいるクラスに編入したおかげで、パニックにならずに済みました。

しかし、どうやってクラスに馴染んだのか、どうやってコミュニケーションを取っていたのかは、何も覚えていません。おそらく余りにも大きい環境の変化に記憶が吹っ飛んでしまったのではないかと思っています。

それでも後から母に聞いた話によると、１か月もしないうちに問題なく英語を話し始めていたようです。もちろん、担任の先生が補講として自宅まで来て一生懸命教えてくれたこともありますが、子供の環境への適応能力というのは、やはりすごいものがあるようです。

この4年弱の現地校で、私はかなり「素直な自分」を生きていたと思っています。

もちろん日本人を差別的な用語を使っていじめてくる子もいましたが、学校でも自由闊達な議論の場やよいところを褒めて伸ばすことを先生が積極的にリードしてくださったことが一番大きな要因だと思っています。

そして友達としても受け入れてくれた人が、少なからずいたことにも救われました。また野球が大好きでしたので、地元のリトルリーグに入れてもらいました。

アメリカ人と比べるとやはり身体が小さいのでバカにされることもありましたが、それでも必死に練習したせいか仲間として認めてくれました。スタメンでは、なかなか起用してもらえませんでしたが、代打で打つと、仲間から頭を叩かれたことも嬉しい記憶として残っています。

チームとしての優勝も経験しました。こういったことの積み重ねであっという間に4年という歳月が過ぎ、日本に帰国する頃には英語で兄弟喧嘩をするくらい英語三昧の生活で、すっかりアメリカ人のようになっていました。

こういうお話をすると、「それは異国の地で大変ながらもいい経験をされましたね。でもカルチャーショックもすごかったんでしょうね」とよく言われるのですが、Yes, but… No という答えになるのです。

もちろん、友達もいない、慣れない海外生活、言葉の壁、日本人への差別意識など、受けたショックが大きかったことは間違いありません。

それでも日本に帰国してからのほうがカルチャーショックは何倍も大きかったのです。自我が芽生えてから日本に帰国したので、よりインパクトが大きかったといえるかもしれません。

３　素直さを消された日本での生活

日本に帰国したのは、小学校５年生の２学期でした。現在であれば１年以上海外在住ですと、海外帰国子女の枠で受入れ校に編入できるようですが、当時は４年以上が条件であったため、数か月の差で受入れ校には編入できませんでした（受入れ校の数も少なかったうえに、サポート体制も脆弱だったようです）。

そんなわけで、横浜市立の公立小学校に編入しました。日本に帰ってくることは楽しみな部分もありました。記憶にはほとんど残っていませんでしたが、小学校２年生の２学期までは通っていたので、ランドセルを背負って楽しかった微《かす》かな思い出もありました。

ところが数日もすると、楽しみにしていた気持ちはまた吹っ飛び、学校に行くことが苦痛になり始めたのです。

なぜでしょうか？

最大の原因は、授業の進め方にありました。アメリカの授業はワンウェイではなく、インタラクティブに進められており、思っていることを意見として出し、その意見に対し、また賛成意見や反対意見を言う授業でした。その習慣がしみついているので、先生が「誰か意見や質問がある人」と言われた瞬間に、手を挙げて質問や意見を言い始めたわけです。

私にとって、これはごく普通のことなのですが、皆さんこういう生徒がクラスにいるとどういう感じになるか想像できますよね(笑)。

はい、すぐに番長とその仲間たちに「生意気だ」と言って呼び出されました。さらに無邪気な女子群が私に対する興味関心で「アメリカってどんなところなの?」などと、休み時間に集まってきたので、また「このアメリカ帰りの女ったらしが」といじめられます。

このような思考と行動が、私には全く理解できませんでした。幸いにも担任の先生にとって私が初めて海外から受け入れる生徒だったこともあり、しっかりと私に寄り添ってくださり、カルチャーショックを和らげるための工夫や学級委員に私をサポートするように裏で働きかけてくれていました。

ただ、当時の私は、理解できない理不尽な状況に対し、どう適合すればいいのかで、頭の中がぐちゃぐちゃになっていたのです。

結果、自分が取った行動は相手の顔色を見て自分を合わせていくやり方でした。その時は、そんなことを意識していません。自分がこの集団の中で生き残っていくために無意識に取った行動でした。

その後、中学、高校へと進学します。私は完全に自分を見失っていました。周りの大人たちから見ると、「いい子ね」と言われることも多くなり、なおさら「いい子」で居続けなければならないことに必死になっている自分もいました。

心の中では、「本当は自分はそんないい子じゃないのに！」と言う叫びも聞こえています。しかし、それに蓋をして演じ続けていたのです。

当然そのためには成績もよくなければなりません。日本の詰め込み型の勉強は、正直面白くも何ともありませんでした。したがって、なぜこんなことをしなければならないのかも理解できません。よい大学に入らないと、大人になって苦労すると言われ、高校受験まではなんとか頑張っていました。

しかし、高校に入ってからは、全く勉強をしなくなり、部活に没頭することで、なんとか自分のバランスを保っていたのです。言い換えれば、前述した「三昧」の状態を部活という場で実践していたのです。

4　素直さと引き換えに得たもの

私は高校に入学するまで何度も転校しました。その度に新しい環境に適合すべく、自分を相手に合わせることに腐心してきたわけですが、その引き換えに人をよく観察するということにも次第に長けてきました。

その人の身振りや視線や表情など外見から読み取れる情報や声のトーンや語気を感じ取りながら、その方の精神状態を推し量ることを自然と身につけていたのです。

もちろん、１００％わかるわけではありませんが、何度か言葉のキャッチボールをすることによって、自分の立てた仮説が正しいのかどうかを検証し、微調整しながらその方の波長に合わせることが特技となっていました。

この特技は、色々な局面で役に立ちました。今この人には近づかないでおいたほうがよいとか、この人にはこのように接すると機嫌がよさそうだとか、その局面、局面において、同じ人であったとしても、対応を変えて行くことでその人との関係性を良好に保つことができたのです。

誰とも無難につき合うことができるということは、特に日本の集団の中での調和を考えると強みになりました。

その一方で、相手に合わせれば合わせるほど、自分が何者であるのか、何をしたいのかという自分の軸が薄れていくデメリットがあったのです。

青年時代の私はこの葛藤に苛まれ、集団の中で自己が溶けていくような感覚を持っていたのだと思います。そんな状態を救ってくれたのは、やはり母の存在でした。大学受験もうまくいかず、何もかも諦めかけていたら、母が救いの手を差し伸べてくれました。母の慈愛というものを初めて感じたのもこの時でした。

自分は価値もない被害者であるといつの間にか思い悩んでいた時に、母の「大丈夫だから」という言葉に、自分は前を向かなければならないと立ち直りのきっかけを掴めたのでした。

私自身が、人生の折り返し地点を過ぎて禅に興味関心を持ち始めた大元は、この時にあったのではないかと思っています。もし、私がそのままアメリカで生活をしていたら…。おそらく今以上に自己主張が強く、とても日本の社会では生きていけない人間になっていたのかもしれません（笑）。

長い目で見れば、この日本での青年時代の苦悶があったからこそ、自己の中に二面性を抱えながらも社会の中で生きていく術を身につけていけたのかもしれません。


「随処作主　立処皆真（ずいしょにしゅとなればりっしょみなしんなり）」


という禅語があります。

これは、どのような環境や状況にいても、自己の主体性を見失わず、仏性を自覚することができれば、その場所すべてが真実となるという意味になります。残念ながら、まだこの時は、主体性が見えたと思えば消えてなくなるという繰り返しであり、この禅語の心境を理解するのはまだまだ先になるのです。

5　変わるためには まずよいところに目を向ける

年齢とともに人は少しずつ変わっていくのだと思います。中には、悪いほうに変わったと言われる人もいるでしょう。

例えば、人の意見に耳を貸さなくなった、上から目線になった、無口になって何を考えているのかわからなくなったなどなど。

「歳を取れば取るほど人は変われない」と言う一方で、悪いほうに変わった人に対しては、「あの人は変わった」と言うのはなぜなんでしょうね。

私は、これも日本のシステムである人の評価に対する減点主義の弊害だと思っています。これができていないからマイナス３点、この部分もできていないからマイナス５点。減点はするけれども、加点する部分はできて当たり前と評価しない。小さい頃から欠点を粗探しされて、そこを改善するように指摘されるのが日本では一般的なのではないでしょうか。

会社に入ってもそうでした。あまり褒めてもらった記憶もありません。そして自分も上の立場になった時に部下を褒めることは少なかった気がします。

私の研修では、アイスブレイクとして、2人1組になって相手のよいところを探して褒めまくるワークを実施します。よいところを探すことに慣れていないので、皆さんかなり戸惑われます。しかし、終わった後は、「嘘でも褒められて嬉しかった」と言う反応が多いのです。

人は誰でも褒められたら嬉しい。当たり前のことですが、褒めないことが「謙虚さ」という日本人の美徳だと勘違いされているのではないかと思うことさえあります。

禅の世界でも直接的に「褒める」ということは少ないです。

それでも「慈眼《じげん》」という禅語があるとおり、慈しみの眼を持って人を見ることを説いています。

誤解していただきたくないのですが、私は褒めることだけを推奨しているのではありません。

日本の場合、褒める割合が少なすぎるので、「叱る」とのバランスが大切であると思っているのです。このバランスが悪いために、人がよい方向に変われなくなっているのではないかと思っています。

そしてもう1つ、日本のシステムの弊害は、すべてにおいて平均点以上を狙うことを目標とすることです。言わずもがな、人には得手不得手がありま す。その不得手な部分を頑張って努力して克服し、なんとか平均点まで引き上げることにフォーカスするばかりで、得意の部分をさらに伸ばすという視点は後回しになりがちです。

不得意な分野を頑張って克服するのがよいのか、あるいは得意な分野を伸ばすのがよいかと、二択を迫られれば、ほとんどの方は得意な分野を伸ばすことを選択するはずです。

さて、ここでまた問題が出てきます。ほとんどの方がこの理屈には同意できるはずなのに、行動に移せない。

なぜでしょう。

これも私が研修でやるワークの1つですが、「自分の好きなことや得意分野を書いてみてください」というお題にスラスラと書ける方が意外に少ないのです。

逆に「自分の苦手分野」を聞くとスラスラと出てきたりします。「本当に好きなことや得意分野がないのですか？」と聞くと、ポソポソと出てくるのですが、言った後にすぐ「いやこれは誰でもできることで、決して得意分野とは言えない」という弁明が出てきます。

「謙遜」という、これまた日本の美徳とされているものが、歪んで出てきている気もします。

皆さんも心当たりありますか？　実は私もこういうタイプでした。もちろんアメリカにいた小学校時代はそうではなかったのです。帰国後の日本での生活がしっかりと身にしみていつの間にかこうなっていました。

この思考回路はどこからきているのかというと、「他人との比較」からきているのです。いつの間にか自分が知っていることやできることは当然みんな知っているし、できているという思い込みに囚われます。

自分より輝いている人を見ると、二言目には「あの人は特別だから」と自らを諦めさせる言葉まで出てきます。

子供の頃から「あなたはここがダメ」、「あなたはこれがいつまで経ってもできない」と言われてきた方はこの傾向がより顕著です。

だからこそ、意識的によいところに目を向ける必要があるのです。自分で探すのが苦手な方は恥ずかしい気持ちになるかもしれませんが、ご家族や友人、会社の同僚に聞いてみてください。自分では気がついていなかった自分自身（＝ダイヤの原石）に気づかせてくれるはずです。

6　カリスマ性の高い経営者や天才肌の人でも「人が変わること」を後押しできる

自信に満ち溢れ何でもこなしてしまう天才肌の方や、どんどん自分で考え行動する経営者や管理者にとっては、「そんなのできて当たり前じゃないか？」、「自分に自信を持てなくてどうする？」などの言葉が当然出てきます。

社員だけでなく、自分を鼓舞するためにも、そのように振る舞っているかもしれません。当たり前ですが、生半可な心持ちで経営や事業推進はできません。思いを実現したいという情熱もあるでしょう。

一方で、このようなタイプの方の元では、後継者がなかなか育ちません。

あのスティーブ・ジョブスもアップルを一度追放されています。なぜでしょうか。わかりやすくいえば、他の人と見えている景色が違っていることに気がついていないということです。

ビルの40階の高さの景色と10階の景色は当然違います。10階にいる人に対して40階から見えているものをわかれと言っても、10階にいる人には全く違うものが見えていることに気づいていないのです。

そういうことを理解したうえで、「受容する」という意識が必要になってくるのです。受容するということについてはまた後ほど触れますが、人は「受け入れてもらえた」、「理解してもらえた」という認識が、自分が変わっても大丈夫なんだという安心安全な「場」として認知されるからです。

いくら周りの人たちに変化を求めたとしても、この安心安全な「場」がつくられなければ、せっかく本人たちに変わる意思があってもなかなか実現しないのです。

厄介なのは、こういう話をしても「私はそんなことは理解しているし、できている」と答えるも、実はできていないというケースが案外多いということです。

7　人は年齢に関係なく変われる

「歳を取ると人は変われない」と言う方はたくさんいます。

はっきり言います。

「その気になればいつでも変われます」。

私は、58歳頃から自分で自覚できるくらい変わりました。息苦しさが減り、楽に生きられるようになったのです。自分が囚われていた様々な呪縛や知らず知らずのうちに身に纏っていた鎧を少しずつ捨て去っていったのです。

禅との出会いによって、私自身が、本来の自分、禅の言葉を使えば「真我《しんが》」、を取り戻したことがその理由です。

「いやいや、それって禅僧になるとか、禅の厳しい修行をしないと変われないということじゃない?」、「つまり、悟りの境地に達しないとダメということじゃない?」と思われた方もおられるかもしれません。

もちろんそうしたほうが効果はより早く、そして強く現れます。しかし、自分の意識の持ち方や心の整え方を知るだけでも、変わっていくことはできるのです。

年齢に関係なく、本当に変わりたい気持ちと素直さがあれば、いつでも変わることはできます。変わることによって、今までとは違う「楽に生きる」術を、自ら手に入れることができるのです。

あるYouTube番組で、マギル大学経営大学院のヘンリー・ミンツバーグ教授のインタビュー(https://www.youtube.com/watch?v=2_sin6tXSBg&t=1722s)を見ていました。教授は、こんなことを言われていたと記憶しています。

「我々は変われるのである。それはコロナ禍で劇的に変化できたことが証明している。人間はその気になればいつでも変われるのである。」

第2章　自分の何が変わっていくのか

1 「自我」の強化

前章では私の少年時代から青年時代までの変化について少し触れてきました。

「自分を社会に適合させなければならない」、「周りの期待に応えなければならない」という見えないプレッシャーに追いかけられ、どんどん「本来の自分」ではない「自我」を形成していきました。

これが会社に入社し、組織に属すると、さらに加速していきました。これは「XXしたい」という〝want〟より『XXしなければならない』という〝have to〟が圧倒的に多いことにも起因します。

もちろん規則など合理性のある〝have to〟も多くありますので、これらを遵守することは社会で共存していく以上は当然必要なことになりますが、自分の感覚として「非合理的なhave to」をやらねばならないときや、あたかもそれを踏襲しないことが「非常識」であると思われる「見えない呪縛」に縛られることもあるのです。さらには、自分がその組織で共存し生き残っていくために生じる「不安」や「恐れ」などの感情が湧いてくると、防衛反応として本来の自分から遠ざかり、偽りの自分を演出することも出てきます。

私が会社員時代に持っていた“have to”には次のようなものがありました。

①若手社員時代
・仕事はがむしゃらにやらねばならない
・上司や先輩の言うことにはしたがわなければならない
・同期に遅れを取ってはならない

②中堅社員時代
・早く出世しなければならない
・できるだけ自分1人で頑張らなければならない
・自分のほうが秀でていると見せなければならない

③管理職時代
・もっと実績を出さなければならない

・管理職らしく振る舞わねばならない
・なんでもわかっていなければならない

全部ではないにしてもいくつかは同じような"have to"を持たれた方もおられるでしょう。

私はこういった"have to"によって、「自我」を強化しながら全く自分らしくない自分をつくり上げ、それを「本当の自分」だと思って過ごしていたわけです。

このような状態で日々を過ごすとどういうことになるでしょうか?

威勢を張ってうまくいったりすると、「やっぱり自分は正しい」と、その時は、いい気分になって自己満足や自己陶酔をします。

しかし、この高揚感は決して長続きしないどころか、突如として原因不明な落ち込みを経験し、ちょっとしたことでイライラしたり、八つ当たりすることがありました。

今考えるとわかるのですが、自分のやったことが「自利」「我欲」のためであり、そのために周りを犠牲にし、そして周りを犠牲にしていたことを潜在的に理解していたことに対する自己嫌悪なんだと。

でも、残念ながらその当時は、そんなことに気がつきもせず、むしろ「まだまだ自分の努力が足らないからだ」、「もっと高みを目指さなければならない」、「もっと知識を増やさなければならない」と、「もっともっと病」に罹っていました。

この「もっともっと病」により、さらに負のスパイラルへと入っていき、そしてその原因を自分ではなく今度は外的環境（職場・上司・部下・経営戦略などなど）に転化し、どんどん息苦しい毎日を自分が生み出していくことにつながっていったのです。

おそらく管理職当時の私を、充実していてバリバリやってたと見ていた方もいると思いますが、まさに、そう見えるように自分に鞭を打って鼓舞していたのです。

実は自分の心の中は虚無感でいっぱいであり、何のためにこんなことをしているのか？　という疑念にも薄々感じ始めていたのだと思います。

2　コーチングとの出会い

自分だと思っていた「自我」を自分でもどう扱っていいのかわからず、自分を騙しながら、悶々としていた40代半ばのときに出会ったのがコーチングでした。

たまたま大学時代の親友がコーチをし始め、「何それ？」と興味を示したのがきっかけでした。

コーチングの勉強を始め、どれだけ自分が周りを見ていなかったのか、どれだけ人の話に真剣に耳を傾けていなかったのか、自分がどういうタイプなのか、色々な気づきを得ました。

その時に出会ったコーチとの対話が自分の殻を破ることにつながりました。「本当はどういうことが好きなのか」、「本当は何がしたいのか」、「どういう子供時代だったのか」などなど。

当初は、自分の内面に関わる質問には抵抗があり、拒絶反応になったり、本当の自分の心から発せられた言葉ではない、頭で考え出した「無難な答え」などを回答したりしていました。それでもコーチの様々な切り口から繰り出される質問に、少しずつ扉を開くようになりました。

自分のことを言語化し始めたことで、自分を客観視することが少しずつできるようになって、確かに自分はこういうことを思っていた、考えていたなど再度気づいたこともありました。

しかし、そこで長年積み重ねてきた「自我」が登場して頭の中で呟き始めるのです。「そんな非現実的なことに逃げるのが正しい選択なのか？」、「そんな甘いことを言っていて勝ち抜いていけるのか？」と。

残念ながら、この時は最終的には、「自我」の言いなりになってしまいました。一体私は誰と戦っていたのでしょう？　今であれば冷静にこの問いに向き合えますが、当時の私にはその冷静さもなければ、その疑問すらも思い浮かびませんでした。

コーチングを学んだことで「真我」に戻ることはできませんでしたが、一瞬でも「本当の自分」を垣間見ることができたというメリットに加え、対人関係に磨きをかけるテクニックを身につけることができました。

特に「傾聴」と「質問力」という2点は、今までの自分には全くといっていいほどできていなかったことでもあり、即効性高いテクニックとして使い始めました。

しかし、この有効であったと思っていたテクニックも、実はテクニックのレベルを超えていなかった現実にまた後から気づかされることになります。

3 禅との出逢い

長年海外で生活してきたこともあり、私自身の日本に対する思いは望郷の念もあり一般的な日本人よりも強かったのかもしれません。

海外で生活して初めて日本のよさがわかるというとありふれた感想のようですが、四季があるありがたさやその四季折々の食べ物や自然の風景など、海外では感じ得ない、文字や言葉で言い表せない「侘び寂び」というか「機微」のようなものを感じます。

一方で、海外の方の日本への関心度合いも相当なものでした。ビジネスの場面でも本題に入る前によく日本や日本人のことを聞かれました。

最初は何となく知っていることを答えていたのですが、たまに「ドキッ」とする質問を受けることがあります。

例えば「日本人は無宗教者が多いと聞くが、なぜ神社仏閣にはお参りに行くのか？　何のために行っているのか？」

特にヨーロッパの知識層になってくると、この手の質問に答えられないと、その人は日本人としてのアイデンティティに欠けると評価されるケースもあり、ビジネスシーンで相手との関係性を構築・維持するためにも、日本という国をよく知ることは必須かつ喫緊の課題でもありました。

また、日本を離れたことで、自分の精神的支柱となるものを書籍に求めた点もあります。何か困難な場面にぶつかったときに、パラパラと本をめくりながら、自分に必要な単語を感覚的に探しました。こういうときに禅語が書かれている本は非常に有効でした。

禅語の本との出逢いが、その後、禅に引きこまれていくきっかけになったことは間違いありません。禅語は、不思議な力を持っていると思いました。多くの禅語は短く、端的でありながら、奥深さも兼ね備えており、自分が経験してきたことや直面していることに対し、グサグサと刺さってきます。そうなんです、1つの禅語でも読み手によって解釈も理解も、そして同じ人でも読む時期によって解釈や理解も異なるのです。こういうことが多分「真理」ということなのかなぁと思ったりもしていました。

2度目のオランダ駐在から帰任して、初めて高輪にある臨済宗の坐禅会に参加してみました。なぜこちらのお寺に出向いたかというと、ちょうど赴任中に読んだ松原泰道さんが住職を務めていらっしゃったご縁でした。松原泰道さんは、随分と前に鬼籍に入られていらっしゃいますが、今はお孫さんが住職を務めています。

初めての坐禅でしたので、会が始まる前に、丁寧な説明をいただき理解したつもりでも、実際に始まるとすっかりわからなくなり、薄目を開けながら周りを見回していました。

30分の坐禅を途中休憩を挟んで2回おこなったと思います。

ただただ時間の長さを感じ、まだかまだかと気もそぞろでした。１回目が終わったところで真剣に「もう帰ろう」と思ったほどです。それでも何とか２回目を終え、玄関を出たときです。

入って来るときは気がついていなかった庭に咲く木々の花や木々の根元に必死に咲いている草花がキラキラしているのが目に入りました。目を空に転じると空はこんなに青かっただろうかという鮮やかさに自分の目を疑いました。

この爽快感なのか安堵感なのかわからない複雑な感情が、胸から込み上げてきました。

おそらく帰任後に自分が希望もしていない部門に配転になったことも含め、自分の中に鬱屈していたものが「スーッ」と浄化された感覚に包まれたのだと思います。

その時に感じた、言語化もできない、そして理屈でも説明できない事象が一体「何もの」であるのか？　という問いの答えを探しに、その後も都合がつく限り坐禅会へ参加するようになりました。

4 「手放すことへの恐れ」を手放す

何度か坐禅会に参加していましたが、初回に感じた高揚感を感じることは少なくなりました。あの感覚を再度味わいたいという気持ちが強くなればなるほど、自分のこころは全く別の事象を出現させてきます。試行錯誤はありましたが1つだけ気がついたことがありました。

自分の中の声が次第に大きくなってきたことです。

内なる声はポジティブなこともあれば、ネガティブなこともあります。「このままでいいのか？」、「俺は誰だ？」、「お前は何がしたいのだ？」様々なことを坐禅中に問いかけてきました。最初は自分の雑念だと思って聞き流していたのですが、その問いに向き合うことを始めました。

かねてから、このまま会社に留まることは自分の中で想像できなかったこと、そして今回自分が希望していた部門ではなかったという現実を目の当たりにし、会社に残ることが正しい選択かどうか真剣に考え始めました。

一方で、50歳近い年齢で当時転職をすることはまだまだレアケースでした。今の会社に残れば少なくとも、60歳までは保証されていますし、運がよければ役員の道もあるかもしれません。

自分の中での葛藤が続きました。

友人や知人に相談しても自分の思うようにすべきとしながらも、会社に残るほうが無難とのアドバイスが大半でもあり、自分でも「やはりそうだよなぁ」という気持ちもかなり占めていました。

ただ、その「やはりそうだよなぁ」という気持ちは、ある程度約束されている未来を失うことに対しての恐れであったことに気がついていました。

「転職をして失敗したら惨めだし、やはり残っておけばよかったじゃないかと言われるのではないか」、「今の会社で出世を目指したほうが社会的地位は得られるのではないか」ここでも色々な内なる声が聞こえてきます。

最後は、この声と声のぶつかり合いでしたが、優《まさ》ったのは私の魂の声だったのだと思います。

「チャンスはそんなにはない。思い切ってやってみろ！」、「思っている恐れもそうなるかもしれないし、そうならないかもしれない、それはすべて自分次第だ！」

坐禅をしていなければ、こういう内なる声との葛藤はなく、留まることを選択していたでしょう。理屈や損得だけで考えていた頃から、少しだけ自分の内なる魂というものの存在に気づき、耳を傾け始められたのがこの時だったと思います。

この内なる声への問いかけは、その4年後の2020年コロナ禍にまたやってきました。転職し、ドイツに駐在していた2019年に母が他界し、残された父親には一旦施設に入居してもらったものの、コロナが本格的に蔓延したことで施設の対応がどんどん保守的にならざるを得なくなり、実質的に狭い自室に軟禁されているような状況になっていました。

2週間に一度の頻度でドイツから電話を入れながら様子を聞いておりましたが、日に日に生気をなくしたような声になっていることが感じ取れました。

2016年に転職の決断をする際、すでに母は肺を悪くしており、なかなか自由に動けない状況であったところ、父が母の面倒は自分が何とかするからと、海外駐在前提での私の転職に最後の一押しをしてくれました。

母の死に目に会えなかったことが自分の中でも悔いと悲しみとして残っていた中で、このまま海外で自分の仕事を優先してよいものか、帰国して父親を引きまとめ面倒を見るべきなのか、大いに悩みました。

もし引きまとめたとして、通院へのつき添いなど、どの程度父親の面倒に時間を要するのか、皆目検討もつかない状況でもあり、普通に会社員として勤務することはどう考えても現実的ではありませんでした。

そう考えたとき、自己都合でもあり、ましてや執行役員・駐在中の立場でもありましたので、ケジメをつけるためにも退職をせざるを得ないことも自分の中でははっきりしていました。

当時56歳。会社を辞め、落ちついてから再就職先を探すのか、あるいは個人事業主としてやっていくのか、展望が自分でもよく見えませんでした。当然そこには不安と恐れが厳然と現れます。

また内なるこころの声との葛藤です。

とはいえ、自分のこころの声はもうすでに決まっていました。父をこのまま放っておく選択肢はなかったのです。

後は内から湧き出る恐れに対するこころの声との戦いです。1つひとつの恐れに向き合い、本当にそれが現実的な恐れなのか、乗り越えられないことなのか。そして最後は自分を信じて恐れを手放しました。

実際には不安や恐れは完全には消えてなくなりはしません。それでも、自分の可能性を信じました。そしてその背景には今まで自分1人ではなく、様々な方々に支えられてきたこと、ピンチのときには必ず必要な方と巡り逢えてきたこと、そんなことがこれからも自分の前に必ず現れると思えたこともありました。

この時に初めて、自分は皆さんのおかげでこうして生きているのだと自覚したのだと思います。

頭ではそう思っていましたが、こころの奥底ではキャリアは自分で切り拓いたものという強い思いがあったように思います。

それが恐れに向き合い、手放す時に、こころの底から今まで支えてくださった方々への感謝の念で満たされました。これも坐禅をしていたおかげなのかもしれません。

かくして、２０２０年秋に日本に帰国し、２０２１年からは個人事業主としての道を歩み始めることにしたのです。

５　禅の世界へ

個人事業主としてのスタートは心配をよそに順調でした。

本当にありがたいことに、前職の社長からゼロスタートでは大変であろうと業務委託を締結していただき、生活のベースロードになったことはどれだけありがたかったことか、今でも感謝の気持ちで一杯です。

その後もいくつかお声がけをいただいたり、ご縁もあり、なんとか生活に対し目処《めど》をつけることができました。

そんな中、禅の勉強をしないかという誘いがありました。私も何らかの形で禅との関わりがあればと頭のどこかで思っていたので、すぐさま飛びつきました。

坐禅を毎朝30分という生活を続けながら、禅についての学びを始めました。今までは、お寺の月一の坐禅会や自宅で時間が取れるときに少しやるなど、不定期に坐禅をしていたので、毎日の坐禅を習慣づけるには少々時間がかかりました。

それでも一緒に坐る仲間とともに状況を共有しながら、励まし合いながら続け、3か月ほど経ったところで次の変化が感じられるようになりました。

・眉間の真ん中あたり（第三の目）がムズムズし始めた
・怒りづらくなった
・感情を引きずらなくなった
・集中力が高まった
・新しいアイデアが今まで以上に出てくるようになった
・自分をより客観的に見られるようになった

それ以外にも、「姿勢がよくなった」、「頭がスッキリすることが多くなった」、「熟睡できるようになってきた」などの特徴も現れます。

詳細の説明は割愛しますが、前述の事象については、アメリカでマインドフルネスブームが起きたおかげで瞑想に対する研究が進み、かなり科学的な裏づけも出てきています。日本国内でもセロトニン博士といわれる東邦大学名誉教授の有田秀穂先生が研究されました。

このような変化を自覚できるようになってくると、科学的なことだけでなく、人間・地球・宇宙といったレベルでの真理があるのではないだろうかと思えてきたのです。

半年も経過すると、前述の変化がさらに顕著になるとともに、人と接するときの自己開示のハードルが以前と比べるとぐんと下がってきました。別の言い方をすると、「本来の自分らしい自分」を自然に出せるようになってきた感覚です。この感覚が自覚できると、今までの自分がどれだけ周りに合わせていたのか、あるいは自分を着飾っていたのか、はたまた自分を大きく見せようと虚勢を張っていたのかがよくわかるようになりました。素直に自分を出すことに怯え、本当の自分を出すことで何かを失うのではないかとの恐れ。どの表現が正しいのかわかりませんが、とにかくそんなことをしていた自分が馬鹿らしく思えたのです。

「俺は誰のために生きてきたのだろうか?」今までの自分であれば、「そんなの自分のために決まっているではないか」と即答していたと思います。

しかし、その「自分」がどの「自分」であったのかということに気がつかされたのです。あるときは仮面を被り、あるときは自分に幾つもの鎧を着せ、もはや本当の自分が迷子になっていたことがはっきりと自覚できました。

コーチングを学んでいたときにブレイクスルー（できなかった殻を破ること）ができ始めた感覚です。もちろん、ある日を境にスコーンとすべてが変わったのではありません。

少しずつ恐れを手放しながら、「あー、やっぱり大丈夫だ!」と取り越し苦労であったことを確認しつつ、1つずつ解放していきました。

前章の最後で記したとおり、生きることへの息苦しさが減り、楽に生きられるようになってきたのです。

58歳にしてようやくと自分を取り戻し、本当の人生のスタートラインに立ったという清々しい気分になっていったのです。

６　そして現在から見た過去の自分

会社に勤めていた時代に比べると、環境もガラッと変わり、組織で抱えるストレスなどから解放され、その当時の自分とは比較にならないくらい、毎日を穏やかに過ごせている自分がいます。

今この時点から、改めて当時の自分を客観的に見つめ直してみると、次の疑問が頭に湧いてくるのです。

・いったい何に追われていたのだろうか？
・いったい何を求めていたのだろうか？
・いったい何を目指していたのだろうか？
・いったい何を焦っていたのだろうか？

まだまだありますが、この４つの疑問を見ただけでも、どれだけ自分を追い込み、ストレスをかけていたのかが容易に想像できます。

そしてこの根本的な原因について、「自分の内面」に答えを探すのではなく、他人との比較や他人から自分はこう思われたいという「本来の自分の外側の世界」に対して左右され、その中に答えを見出そうとしていたということです。

この状況を続けるということは際限なく自分を追い込むことになります。

「もっと学ばねばならない」

「もっと自分をよく見せなければならない」

ちょっとできたと思っても、「いや、まだまだ足らない！」と、自分に発破をかけるのです。

さらには、組織上のプレッシャーがここにかかってきます。

自分は必死に成長しようと努力をしているのに、批判をされたり、陰口を叩かれたり、叱責されたり、足を引っ張られたりと、次から次に飽きもせずにネガティブなイベントがやってきます。

このようなネガティブイベントが起きるので、今度は自分を守るために仮面を被ったり、鎧を何重にもまとったりして、自分を強く見せることにエネルギーを注ぎます。

こう書いているだけでも疲れてきますが、当時の自分はこのスパイラルに陥っていることが単純にわかっていなかったのです。

外見ではニコニコしながら社交的な自分を演じつつも、内面では相当病んでいたんだろうと思います。今更ですが、その当時の自分に心から「お疲れさま」と言ってあげています。

このメカニズムが、自分の中で理解できたことは、坐禅を通じて自分と向き合うことで得られた部分でもありました。これは、私の師匠である前田憲良老師との参禅を通じて得た真理や智慧なしには到達できませんでした。

ここで何気なく「智慧」という言葉を使いましたが、「知恵」と「智慧」は全く違います。

「知恵」は、学校や本などを通じて得ることができる知識を活用することをいいます。一方、「智慧」は、物事の本質について自分の体験や実践を踏まえた上で会得したもので、全く異なります。

つまり我が師からお教えいただくことには「物事の本質」つまり「真理」が入っているのです。短時間ですべてを体得できるわけではないものの、今までの自分の体験や直感から、「智慧」として言われていることが「真理」であることは何となく感じ取れます。

そのような点を1つずつ身体にしみ込ませながら、いつしか線としてつながり、また新たな気づきにつながる、そんな体験を師匠との参禅からいただいているのです。

師匠との話をしていくうちに、どれだけ自分がつまらないことに執着をしていたのか、どれだけ自分ではない自分に執着をしていたのか、色々なことがわかってきたのです。

そして何よりも、何事にも囚われずに生きていることを実践している師匠が目の前にお手本としていらっしゃるわけです。

執着を手放すことは難しいとよく言われますが、私の場合は比較的すんなりと手放せたと思っています。

どうやったのかというと、「今の自分には要らないもの」として自分で決めてしまうことです。これだけ書くと「え？　それだけ」となるかもしれませんが、「今の自分」というところがポイントです。これはまた後述します。

7　私が変わってきた部分

最後に私が変わったと自覚している部分についてまとめておきます。

原因は自分だけではない　➡　原因のすべては自分の内にある
過去に囚われる　➡　今できることに集中する
他人の様子を伺う　➡　自分の心の声を聴く
自分は不完全　➡　今の自分らしさを大切にする
時間に追われる　➡　自分時間で過ごす
感情に振り回される　➡　感情を客観視してコントロールする
まだまだ幸せじゃない　➡　今でも裕福である
自分の努力の賜物　➡　生かされていることへの感謝

そして、プライド・地位・資格・見栄といったものも手放しました。

前述のとおり、すべてをいっぺんにやったわけではありません。一歩ずつでも、自分の肩の荷が少し軽くなっていく感じがします。

最初のうちはリバウンドのように元のモードが現れますが、すでに変えようと「意識」しているので、自分が元のモードに入っていると教えてくれます。それに気づくことができれば、「あ、またやっちゃった。もうそれはしないよ」と、自分に言い聞かせてやめるだけです。

そうなのです。

実は、「意識」の持ち方が自分を変えるための最大のポイントです。

思考は、現実化するといわれるように、「嫌なことが起きる」と意識すると、嫌なことが実際に起こるという体験をした方は多いと思います。であるならば、理屈としてはよいことが起きると意識すれば、そうなるはずです。

ところが、「ならないではないか！」と思われた方もこれまたたくさんいらっしゃると思いますし、私もその1人でした。

そういう話をしたときに、私が師匠から言われた一言は、「思い方が足らない」ということでした。「絶対○○するぞ！」とか、「絶対○○になるぞ！」といった思いのレベルが十分ではないということです。

違う言い方をすると、どんなに表面上は強く思っていたとしても、心の奥底では「いや、やっぱりできない」「自分には無理だ」と呟いている自分がいるということです。

潜在意識として、「できない」と思っていることに、自分でも気がつかないことがあります。

過去の失敗や体験がトラウマとして深く心に刻まれているケースもありますし、自分では気持ちの整理をつけて解決したと思っていても、実は心の奥深くではできていなかったということもあります。

私の場合は、坐禅や師匠との問答を通じてこのような潜在意識と向き合いながら対処していく方法を取りました（さらに根深いものは自分を内観し、1つずつそのときの事象を思い出し、そのときに押しこんだ感情を解放して、自分を許していくことが必要になりますし、場合によっては専門家の力を借りる必要もあります）。

今一度この流れをおさらいしておきます。

(1) 自分が囚われているものを見つめる（強さや弱さも含め、物理的・精神的なものすべて）。

(2)「本来の自分（真我）」を探し求める。
(3) 囚われていたものを手放す。
(4)「本来の自分（真我）」に耳を傾け、自分のやりたいこと・ありたい姿を思い描く。
(5) それらを必ず実現すると自分の胸に深く刻み込む。

最初の間は、このプロセスを定期的に繰り返していくことをおすすめします。

自分の意識の持ち方1つでガラリと変えることができるということを経験すると、それは成功体験として次回以降このプロセスをやりやすくしてくれます。

1つここで申し上げておきたいことは、右記はいわゆる「悟り」というものとは違います。禅の世界では、「十牛図」という10のプロセスで悟りの境地を現したりもしますが、この十牛図の例でいえば、前記はせいぜい3つ目くらいのプロセスであることを付しておきます。

第3章　仏門に入る

1　我が師、前田憲良老師

前章で我が師についてお話ししました。ここで少しご紹介をさせていただくとともに、なぜ私が師として選ばせていただいたのかということについてお伝えします。

前田憲良老師は、青森県十和田市にある曹洞宗高雲山観音寺のご住職です。実家がお寺ということでもなく、純粋に設計士を目指されて大学に進学をされました。ところが、幼少の頃から様々な摩訶不思議な体験をし、どうも引っかかり、大学を中退され、駒澤大学仏教学部へと入り直し、真理解明のため、仏道の世界へと進まれました。

曹洞宗大本山總持寺（神奈川県横浜市鶴見区）にて修行を積まれ、現在の観音寺へと導かれ、お寺を継がれました。

ところが、当時の観音寺は、本堂建立のために3億円ほど借金がありました。一方、主たる収入源となるはずの檀家様の数がわずか1件という大変な状況にあり、私には想像もできないようなご苦労をされたようです。

今では檀家様の数も１０００を超えている状況を考えますと、ご苦労だけではなく、どれだけ地域の方々との信頼関係を築いてこられたのかということも容易に想像ができます。

背景には、真理探究のために不断なく修行をされてきたといえるのではないかと思っています。そして、単に仏教だけではなく、真理探究に必要だと思われた「ヨーガ哲学」、「量子力学」、「古神道」、「脳科学」など、貪欲に研究されたそうです。

今でも「面白い」と思われたことについてはすぐに調べ始められる、そんな様子を見て、私も大いに刺激を受けている次第です。

こうして探求された真理を、単に知識レベルに留めるのではなく、ご自身が経験・体験されてきたことと結びつけ、生きた「智慧」としてしっかりと語られるのです。

さらにすごい点は、今日においてもまだ日々進化をされているということです。

最初にお目にかからせていただいたときも、開口一番、「あなたに会う前から情報は色々と入ってくるんだよ」と言われて、目を白黒させたことを覚えています。

その時にお話しさせていただいた時間はわずか数時間でしたが、私の中にこの方ならば私が知りたいことをすべてご存知であろうという直感が働き、この方に師事する腹を固めたのです。

そもそも師匠との面会のお取次をお願いしたのは、禅というものを知れば知るほど、より深く知りたいという衝動を抑えきれなかったからです。

自分自身が過去60年近く経験してきたことの中に、よいことも悪いことも含め、なぜこういうことが起きるのか？　なぜこういう心情に陥るのか？と不思議に思ったり、苛まれてたりしてきたことが数多くあり、その根本的な真理が「禅」にあるのではないかという仮説からでした。

私の実家には神棚も仏壇もありませんでしたし、お彼岸やお盆に必ずお墓参りに行くという習慣もありませんでした。それもあってか、宗教心や信仰心もないどころか、むしろ訝《いぶか》しむスタンスで育ちました。

そんな私が60歳近くになり、理屈ではない「何か」があるのではないかとようやく感じはじめ、これから残りの人生を悔いなく生き切るためには、その「何か」を明らかにする必要があると禅に触れ合っていく過程の中で強く思うようになったのです。

その観点では我が師匠と出会うべくして出会ったともいえるかもしれません。まさにドンピシャリのタイミングでしたので、一分の迷いもなく弟子入りさせていただく覚悟を決めました。

2　得度

「得度」というと馴染みが少し薄い言葉ですが、出家して仏門に入る儀式のことをいいます。

「得度」という言葉自体は、「渡りを得る」からきており、煩悩が渦巻くこの世界（此岸《しがん》）から、仏法に帰依することを誓い悟りの世界（彼岸）に渡らせていただくということになります。

私はよく「得度するのにどんな修行をされてきたのですか?」と聞かれます。前述の言葉の説明からもご想像いただけると思いますが、得度式がそもそも仏門に入る儀式ですから、「これから修行が始まります」ということになります。

そうはいっても、誰でも彼でも得度できるということではありません。これは宗派によっても師匠のお考えによっても変わってくると思いますが、私の場合は師匠の元へ3泊4日参禅させていただきました。

この間は師匠との問答、坐禅、作務《さむ》(お寺の中での清掃含めた様々な労務)の連続でした。

師匠との問答が一番多かったですが、最初にお目にかかった時と同様、目から鱗のお話ばかりで、「へぇー」、「なるほどー」、「すごーい」、「まじですかー」の連発でワクワクが止まらないお話ばかりでした。

そんな中でも核心として問われたことは、本当に仏門に入る「覚悟」があるのか? という問いでした。もちろんNOという選択肢はないのですが、簡単にYESというほど敷居の低い話ではありません。ましてや、師匠から問われた「覚悟」は、一回自分を殺すということだと言われたので、なおさらです。

坐禅は、毎朝5時に起床し50分を3回するように言われていました。この坐禅をしながら、本当に師匠が言われるところの「覚悟」があるのかを自問自答していきます。

自分を殺すということがどういう意味なのか、出家とは自分にとって何を意味するのか、こういったことも考えながら、ひたすら坐り続けました。

結論的には、明確な答えは出なかったものの、得度をして出家をするということ自身が生半可なものではないということだけはしっかりと身にしみました。私にとっては、この参禅訪問はすごく意義あるものとなりました。

もちろん初めての長い時間の坐禅や雪かきや床拭きなど、肉体的にしんどいものはありましたが、師匠との問答の中で自分が今まで持っていた価値観や先入観といったものが、どれだけ浅はかなものであったのかということへの気づきなどがあり、根底から自分というものを見直す機会にもなりました。

ようやく根本真理に近づけるスタートラインに立てた心持ちでした。

以上の参禅訪問が、2022年1月。得度式はその4か月後の2022年5月に執り行うこととなりました。

参禅訪問を終えて、自宅に戻ってからしばらくした1月末に腹部に違和感を感じ病院に診察に行ったところ、虫垂炎と診断され、緊急入院・手術となりました。

生まれてから骨折程度しかしたことがなく、入院・手術は生まれて初めての経験となったのですが、これも得度を迎える前に膿を出すということなのかと思い、そのタイミングのよさに自分でも驚きました。

手術はすぐに終わったのですが、術後の経過がよろしくなく、傷口が膿み始めてしまい、結局全治まで3か月を要しました。

それまでの自分であればおそらく、「手術の仕方が悪い」、「ヤブ医者め」などと間違いなく病院に対しクレームをしていたと思いますが、こういうことになったのも自分の行いに対して何か振り返ることがあるはずという心持ちで、穏やかに完治までの期間を過ごしていました。

こういう考え方ができるようになったこと自体、自分としても驚きです。

そんな時を経ながら、５月の得度式を迎えます。

青森に出かける前に、都内の床屋でできるだけ髪の毛を短く切りました。確か０・３ミリくらいだったと思います。

余談ですが、私は小さい頃から野球が大好きで前述したとおり、アメリカではリトルリーグ、帰国してからも少年野球のチームに入りました。

中学に入学したときに当然野球部に入部するつもりだったのですが、なぜか坊主にしなければ入部できないと言われたことに反発し、そんな理不尽なことを要求する部には入らないと意固地になり、入部しませんでした。

この年になって坊主頭にするのであれば、そのときに頑なにならずに坊主頭になって野球をしていればよかったと思ったりしました（笑）。

話を戻します。短く切った髪の毛を引っ提げて、青森に入りました。私と同じタイミングでもう１人得度をされる方がおられましたので、少し心強い気持ちでした。

一旦、髪の毛を短くしてきましたが、前日に改めてカミソリで綺麗に剃る必要があります。

得度されるもう一方《ひとかた》と一緒に銭湯に行き、ひたすらカミソリでツルツルになるまで剃っていきます。部分的に凹凸があったり、後ろの方は綺麗に剃れているかも自分ではわからないので、もう1人の方とお互いチェックしながら剃っていました。

スッポンポンの状態で、剃り残した部分をお互いに剃り合いっこしている姿をおそらく他のお客様は不思議な目で見られていたとは思いますが、こちらはそんなことに気を取られている暇も余裕もありませんでした。

生まれて初めてツルツルの頭になりました。剃髪《ていはつ》するという意味は髪の毛が俗世に対する執着になるためといわれています。

「後ろ髪を引かれる思い」といわれるのもそういうことなのかと妙に納得したりしました。

その夜は、なかなか寝つけず、横になりながらスマホで自分の頭を見ていたら、不思議と涙が出てきました。

改めて師匠から言われた「覚悟」という言葉が頭の中を逡巡します。両親含め、今までお世話になった方々への感謝の気持ちも溢れてきました。

そして当日です。式の前に少し列席していただける兄弟子や仲間と雑談をしていました。その時です。師匠がやって来られて、「何をしている！」と一喝されました。

式の前だからこそ心落ちつけ、厳粛な気持ちで式に向き合う最後の時間ということをすっかりと忘れていました。

師匠から本堂で正座をして心を落ちつけよと指示をされ、１時間半くらいでしょうか、ひたすら正座をしながら瞑想しながら心のざわつきをゆっくりと抑えていきました。

昨晩湧き出た思いを振り返り、また師匠から言われた「一回自分を殺す」ことが本当にできているのだろうかと再度自問自答を始めました。

こう書くと冷静でいたような感覚を受けられるかもしれませんが、実は20分以上正座をしたことがありませんでしたので、20分を過ぎたあたりから足の痺れやら膝の痛みやらが始まり、しまいにはどこが痛いのかもわからなくなっていたのです。

それでもどれくらい経ってからでしょうか、瞑想に没入していると痛みを感じなくなりました。というか、痛みがあったことが意識から抜けたと言ったほうが正しいかもしれません。

しばらくして、「あれ、そういえば足の痛み」と意識した瞬間、またとてつもない痛みに襲われます。

これは面白い体験でした。痛みというものが意識をすれば出てきて、無意識になれば痛みがなくなる。坐禅をしながら自分の頭の中で湧き起こる様々な雑念への対処法としてもとても参考になる体験が、なんと師匠に一喝された副産物として得られたのです。

ようやく師匠が本堂に現れ、「気は鎮まったか？」と問いかけがあり、お許しが出ました。この時ばかりは、足の痺れはとんでもない状態になっていました。

生まれたての子牛の如く、四つん這いになりながら、足がどうにも立たない状況が数分続きました。ある意味、この年になって生まれて初めての経験ばかりさせていただく幸せを噛み締めていました。

いよいよ得度式です。作法があるため、お弟子さんから段取り含めて説明をいただきました。式の時も横についてくださったので、特段心配もなく、穏やかかつ晴れやかな気持ちで臨めました。

式自体は20分くらいだったと思います。師匠のかけ声に対し呼応する短いセリフを言うところが自分の中ではクライマックスでした。

これは師匠が戒律を挙げられ、それに対ししっかりと守っていくのかどうかという問答です。この時がこれから仏門に入る身として宣誓する場面でしたので、身が引き締まったのを覚えています。

この後、法衣・法名・絡子《らくす》（略式のお袈裟のことで首からかけます）そして血脈《けちみゃく》（仏さまの弟子になったことを証明するもの）を授かり、式が無事に終了しました。

正直、式の始まる前と後で何か心境的に変わったことがあったわけではありません。もしかすると、式の前に1時間強、ご本尊の前で正座していたことで、私自身の得度式は終わっていたのかもしれません。

それでも、半強制的に自分の人生がリセットされ、生まれ変わったという思いはあり、新しい1日がこれから始まる期待感で胸がいっぱいであったことは間違いありませんでした。

3　禅を生活に活かす「活禅」

我が師匠はあれをしなさいと事細かに指示をされる方ではありませんでしたので、得度式が終わったその日の晩に、これからの修行の仕方について質問をさせていただきました。

真っ先に仰ったことは「生きることが修行である」というお言葉です。

これは深いです。「生きる」とはどういうことかが問われています。自分次第でただ漫然と生きることもできるし、自分に対し厳しく律して生きることもできる。要はすべて自分次第ということなので、修行の仕方を伺ったのに、結局は自分で考えろと仰られたわけです。

「それはつまりどういうことなのでしょうか？」とこちらも食らいついて

みました。

人間がこの世に生きるということは様々なことと関わりを持ちながら生きるということです。この関わりの中で、欲望であったり、嫉妬であったり、様々な煩悩と向き合わなければならない。つまり、そのような局面になったときに自分としてどうするのかということ自身が修行そのものである。

一語一句正確に覚えていませんが、師匠が仰ったことはこういうことだったと思います。

私のような得度者は「半僧半俗」と言います。つまり半分僧侶であり、半分は俗世間の人間として生きていく者ということです。

師匠からいただいたお話の中で面白い話がありました。

悟りを開きたければ山に籠って、一切外界との接触を絶てば早い。つまり、自分1人しかいないので、刺激もなければ人もいないので比較することもない、仙人のような生活をすればいいのである。但し、それが本当に正しい悟りといえるのかどうか。

現実世界で生きていく中で悟りの境地に達するのが本当の悟りではないか

というようなお話だったと思います。

『維摩経（ゆいまぎょう）』という仏典があります。これは紀元1世紀から2世紀くらいにできたのではないかといわれています。

維摩経の主人公が先ほど紹介した「半僧半俗」の維摩居士《ゆいまこじ》という方です。居士《こじ》とは在家のまま仏道を修行する方を指します。現代では戒名にもついたりします。その維摩居士ですが、実在した人物かどうかはわかっていません。設定ではインドの大商人であり、大富豪。喜捨・寄進もどんどんする一方、酒場にも出入りする気っ風のよいイメージの方です。そんな維摩居士が、お釈迦さまの10大弟子を次々と手玉に取っていく、こんなお経なのです。

その中の1つにこんな話があります。

舎利弗《しゃりほつ》が樹の下で坐禅しているのを見かけて、維摩居士はこんなところで坐禅していても本来の坐禅ではないとツッコミを入れます。

「煩悩にまみれた日常生活の中で煩悩の苦しみとともに坐禅をすることが本当の坐禅ではないですか？」と、喝破するのです。

このように10大弟子がそれぞれ得意としている分野において、現実世界で教えを活かすためにはこうしないといけないのではないですか？　とそもそものお釈迦さまの教えの本髄を説かれているのです。

わかりやすい本も出ていますし、ＮＨＫの『１００分ｄｅ名著　維摩経』でも解説されていましたので、ご興味ある方は是非そちらを参照してみてください。

話を元に戻します。

師匠の言われた「生きることが修行」とは、戒律であっても教えであっても、日常生活の中において、それをどう活かすのか、自分としてどう向き合っていくのかが大切な修行なのであると解釈しました。

坐禅だけして、今日も頭がスッキリしたとか、自分の心が整ったというのはマインドフルネスのレベルであり、本来の禅ではない、師匠はこうはっきりと仰ります。

禅を生活に活かす、「活禅」（これは師匠のつくられた言葉です）が本来の禅的な生き方なのであると。

私は修行の一環として、毎朝神棚に手を合わせ祝詞を奏上し、坐禅をしてから読経をルーティンにしていますが、もしこれだけであれば、禅的な生き方がなんであるのかということに対し鈍感なままであっただろうと思います。

何気なく、あるいは無意識的に行動していたことに対して、自分で意識してその行いに気づき、訂正をしたり、繰り返さないように注意をしたりするようになりました。

そのような繰り返し(習慣づけ)がさらに新たな気づきを生んでいると思っています。

こういった気づきをまた師匠との参禅問答においてお尋ねすることで、点が線となってつながることがまたあるので不思議です。

「活禅」とは、耳学問ではなく、教えを実践し、体験して初めて生きた教えとなり、「智慧」となるということです。

このことに気づかせていただけたことが、私の修行のあり方に大きな意味を持たせてくれたと思っています。

【コラム】スティーブ・ジョブスと禅

スティーブ・ジョブスが禅に傾注したことを知っている方も少なくないと思います。

ただ残念ながらマインドフルネスをやっていたと誤解されている方がいるのも事実です。禅とマインドフルネスは似て非なるものです。

私はスティーブ・ジョブスから直接話を聴いたわけではないので、あくまでも書籍やインターネットの記事を読んだうえで、自分なりにスティーブ・ジョブスはこう考えていたのではないだろうかという私の推測だという点をご了承ください。

ジョブスは、生まれて間もなく養子に出されています。おそらくこのことが彼を禅の道へと導いた要因の１つだったと思っています。生活に困窮していたとはいえ、生まれてきた子供を養子に出さねばならなかった母親の心情含め、様々な妄想が彼の頭の中を渦巻いていたのではないかと想像します。

それもあって、19歳の時にインドを放浪し、真理を探ろうとしたものの、よい師に巡り会えなかったのか、失望して帰国します。

そして20歳の時、カリフォルニア州のハイク禅堂にて禅の師匠となる乙川弘文さんと運命的な出逢いを果たします。乙川さんも理由は別にして7歳のときに養子に出されたという意味でジョブスと通じるところがあったのかもしれません。乙川弘文さんという方は日本では全く無名だったようです。

乙川さんは、ジョブスが愛読していた『禅マインド ビギナーズマインド』（松永太郎翻訳　サンガ出版）の著者である鈴木俊隆老師がご自身の後任者としてアメリカに呼び寄せたそうです。因みにこの鈴木俊隆老師は鈴木大拙さんと合わせて米国に禅を広めた「2人の鈴木」と言われているお1人です。

さて、乙川さんに出会った翌年、ジョブスはApple社を21歳で立ち上げます。ジョブスは禅を学ぶことで、すでに自分の才能の1つであった「ひらめき」や「直感力」というものにさらに磨きをかけたかったのであろうと思います。

飛び級もするし、周りから天才として認識されていましたから、この頃は怖いものなしで、自分が正しいと思ったことが彼の「正義」であったのだと想像します。

Apple社の成長とともに、その気持ちが確信に変わり、揺るぎない自信となったことでしょう。この頃はハイク禅堂にもあまり出向かずに、逆に乙川師匠の戒めの言葉が耳障りになってさえいた可能性もあると思います。

そして、ついに30歳の時にApple社を追放されます。これをきっかけにジョブスは再び乙川さんの元を訪ねます。日本の乙川さんの実家にも訪れたそうです。この時からまたApple社に復帰する10年超の間、師匠と弟子という関係がどうであったのか、あまり記録が残っていません。

しかし、私は「調和」ということが1つのキーワードになっていたのではないかと想像しています。よくジョブスと禅という関連で出てくることは、禅からシンプルさを学んだことで、不必要なものや機能を削ぎ落とし、それを製品開発に活かした例が挙がっています。

確かにそういった面はあると思います。ただそれだけではなく、自分のひらめきと直感だけでは物事がうまくいかない経験をしたからこそ、彼の経営者としての世界観であったり、生き様というものを習得できたのではないかと思っています。

そう思うのもジョブス本人は完成系を見ることができなかったアップル・パークをYouTubeで見たからです。

木々に囲まれた円形の本社ビル。さらにその円の中にもまた木々を植え、さらに円形の池もある。

お気づきかもしれませんが、禅は円で表します。始まりもなく、終わりもない、究極の悟りという見方もありますし、物事が最初は四角だったり、三角のように尖っている部分が、次第に尖った部分を削りシンプルな円になるということもあったり、無限大を示すという考えもあったりします。

植林した木々もカリフォルニアの森に自生している木々を選び、その中を歩くことでインスピレーションが湧いてくることを想像もしていたようです。まさに歩行禅ですね。

このように至る所にジョブスがこの世に生み落としたApple社への思いが詰まっている気がしてなりません。

機会があればぜひ一度中に入って我が身で感じてみたいものです。

第4章　上手な感情とのつき合い方

1 感情の未完了

人間は感情の動物といわれるだけあって、様々な感情が自分の意思とは関係なく勝手に湧き起こってきます。

嬉しい・楽しいというポジティブな感情であれば、当然ウェルカムですが、不安・悲しい・怒りといったネガティブな感情にはできれば支配されたくないと思うのは皆さんも同じだと思います。

私も今でこそ、感情をコントロールすることがかなりできるようになりましたが、以前は随分と振り回されていました。

ちょっと気に入らないことがあって、イライラしているときに、何気ない他人からの一言でスイッチが入り急に怒り出す人もいましたし、自分にもそのような覚えが何度もありました。

一方、本当は怒りたい場面であったにもかかわらず、ここで怒ると周りに顰蹙を買うのではないかと忖度し、その場は強制的に怒りの感情を封印してしまったケースでは、後になってその時の怒りが沸々と蘇ってきて、まったく関係のないところで当たり散らした経験もありました（今更ですが、このような理不尽な怒りをぶつけてしまった方々にこの場を借りて深くお詫びいたします）。

さて、こういった感情は一体どこから現れているのでしょうか？

その前にまず感情というものがどう定義されているか。デジタル大辞泉（小学館）には、次のように定義されていました。

「物事に感じて起こる気持ち。外界の刺激の感覚や観念によって引き起こされる、ある対象に対する態度や価値づけ。快・不快、好き・嫌い、恐怖、怒りなど。」

（出典：『デジタル大辞泉』小学館）

つまり、何か対象があって、その対象に対し自分自身が持っている感覚や観念が反応して感情になるということでしょうか。確かにこれはこれで、間違いないと思いますが、ここではカバーしきれていない感情がありそうです。

例えば、前述した事例でいえば、不幸にも私の感情の吐口となってした対象の方は前の感情を呼び覚ますトリガーではありましたが、そもそもその怒りの感情は封印してしまった時の感情でした。感情の二次災害ですね。

しかし、よくよく考えてみると、このような二次災害や三次災害のようなケースが多いのではないでしょうか？

「なぜあの時、悪くもないあの人に怒りの感情をぶつけてしまったのだろう？」なんていう記憶はありませんでしょうか？

幼稚園児を観察していると、改めて面白いことがわかります。お母さんに叱られて悲しくて大泣きしている子が、しばらくするとお腹が空いたといって美味しそうにニコニコしながらおやつを食べている。これに似たような情景が思い浮かぶ方は多いと思います。

人間は素直にその時の感情を吐き出せると、スッキリするんですね。

話が少しそれますが、コミュニケーションもそうです。相手と会話をしていて、不完全なままにコミュニケーションが終わってしまうとモヤモヤしますが、話し終えてちゃんと聴いてもらえたとなると、自分の気持ちはスッキリしています。

私たちは、この「感情の未完了」が多すぎて、その結果として何が本当の素直な感情なのかがわからなくなっているような気がしています。第1章冒頭でも取り上げた「ニセモノの感情」ですね。

そうなってくると、その根源的な感情に対し処置をしていかないと、いつまで経っても二次災害・三次災害が起きる可能性がありそうです。

どう対処したらいいのか気になるところでしょうが、もう少し感情について考察していきます。

2　恐れや不安

以前プレゼンや契約交渉の直前になると、緊張とは別に「よからぬ予測」をしてしまうことが多くありました。

「今日はうまくいかないのではないか」、「相手からとんでもない一手が打たれるのではないか」などなど、ネガティブな感情を抑えて、「いや大丈夫！」と思えば思うほど、ネガティブな予測に倍返しされるような感じです。

なぜこのような予測をしてしまうのでしょうか？

人間は人間である前に動物ですよね。現代社会においては普段ほとんど意識することなどありませんが、私たちは生き延びなければならないという「本能」を持ち合わせています。よって、何か重大な局面に差しかかったときは、過去の記憶を絡めて様々な予測をします。

もちろんよい記憶があれば、ポジティブな予測になりますが、得てして悲観的な予測のほうが多く湧いてきます。

特に初めての状況であれば、類似の過去データもないため、なおさら悲観的な予測になりがちです。

動物的な本能とは、「逃げる」、「戦う」、「じっとする」だそうです。つまり、どの選択をすれば、「生き延びられるのか」というシミュレーションが、脳内で様々な予測を基になされていくわけです。

一方、前述のようにこれから起こることに対してだけでなく、未だ起こってもいない、あるいは起こるかどうかもわからないことに対し、恐れや不安を抱くこともあります。例えば、漠然と「A社との取引は近々なくなるのではないか」などがそうです。

「嫌な予感がする」と私もよく言っていた記憶があります。「なぜこんなことを思ってしまうのだろうか？」と自問自答をしましたが、本当によくわからない漠然とした恐れや不安です。

さて、この恐れや不安は一体どこからきているのでしょうか？

確かにこれからプレゼンをする相手が、めちゃくちゃ強面で不機嫌そうにこちらを睨みつけているとしたら、悪い予測しかできないでしょうが、不機嫌なのかどうかは、ご本人に聞いていないので、本当に不機嫌かどうかはわかりません。

そして強面に見えているけれども、角度を変えて見たり、あるいは照明のあたり具合などで全然違う表情をされているかもしれません。

私たちは、危険に対しては瞬時に物事を判断しようとする癖がついているので、実態とは違うことを勝手に妄想する癖があることも理解しておかねばなりません。

この事例からもわかるとおり、恐れであるとか不安というものは、突き詰めて考えてみると自分自身がつくり出している「虚像」に対し抱くことが多いことになんとなく気づくのではないでしょうか？　第一歩としてそこに気がつけば、「あ、また勝手に自分で虚像をつくり出している」という冷静さで恐れや不安を取り除くことができると思います。

しかし、そもそもなぜ「虚像」をつくり上げてしまうのか？　というところが根源的な問題として残っていますので、この問題に対しての解決策が欲しいところです。

3　ネガティブな感情に対する3つの方法

すでに気がつかれている方もおられるかもしれません。前述してきた問題において、根源的な問題というのは何かというと、自分自身が「いま・ここ」にいないことにあります。

過去に封印してしまった感情に振り回されているのは確かに「いま」かもしれませんが、振り回されている原因となっている事象は過去に起きたことに対してです。

また「虚像」についても、起こるかどうかもわからない未来に対してつくり上げているものであり、未来に囚われているということになります。

このように「過去」や「未来」に囚われている状況が、感情に振り回されているということなのです。

「いやいや、たった今ムカっとしたことであれば、今でしょ？」というツッコミがありそうですが、ムカっとした瞬間は「いま」であるものの、そのムカっとした瞬間はすぐに過ぎ去り「過去」になります。したがって、その「ムカっ」としたことを引きずっているのは、過去への囚われとなるのです。

今でこそ、このように私の頭の中で整理できているのですが、この仕組みを理解するまでは完全に感情の奴隷でした。自分で感情をコントロールしようとして、本当は行きたくもないのに飲み会に行ってカラオケで発散してみたりしましたが、結局翌日は自己嫌悪に陥っていることも少なくありませんでした。

こういう状態になると、たいていの場合、何をやってもうまく行きません。そして挙句の果てにはうまくいかないことは周りの環境のせいであったり、周りにいる人たちのせいであったりと思うことで、なんとか自分の気持ちの整理をつけるという始末です。

さて、では感情に振り回される状況になったときにどうすればよいのかということですが、私が取り入れている方法が3つありますので、次に紹介したいと思います。

(1)自分を客観視する

これは、坐禅体験を通じてよりできるようになったことですので、いきなり客観視することは難しいかもしれません。

自分がイライラしたり、感情に追い回されたりしている状態をできるだけ俯瞰するのです。

「あー、自分はいま感情に追い回されているなぁ」と。

こうすることで「自我」を切り離すイメージを持ちます。そして客観視させた「自我」に対して、「なんでそんなことになっているの?」と話しかけてみる。そうすることで、より客観的にかつ冷静に自分がなぜそのような状態になったのかを分析できるようになります。

坐禅を続けていくと、客観視するというプロセスも不要になってきます。現在の私の状態は瞬間的に感情が湧き起こったとしても、すぐに手放すことができるようになっています。

これは坐禅を続けていることで、体内の交感神経と副交感神経のバランスがきちんと取れている証左ではないかと考えています。今ではほとんど感情に追いかけ回されることはありません。

⑵五感を使う

これは誰でも使えるワザですので、おすすめです。

冒頭でもご紹介した私が師事した心理セラピストの池田先生に教わったのですが、特に不快な感情の奴隷になってしまっているときというのは前頭葉を使えていないと仰っています。

前頭葉は思考や感情のコントロールなど、大切な機能を持った部位ですが、前述したとおり、恐れや不安に支配されると、本能としての決断をしなければばならないため、脳内のエネルギーのほとんどをそのことに費やしてしまい、前頭葉が機能しない状態になるそうです。

そこで、負のスパイラルを断ち切るために、五感を使うことで意識的に前頭葉を使います。

例えば、目を閉じて耳に入ってくる音に集中します。そして聞こえてくる音を1つずつ口に出して言ってみます。「車のエンジン音が聞こえる」「鳥が鳴いている」「子供が泣いているような」こんな感じです。1〜2分やるだけでも追い回されていた感情から解放されます。

五感を使うということでは、暴飲暴食でストレス発散もよいのでは？と聞かれたことがあります。

確かに食べたり飲んだりしているので、五感を使っていると思うかもしれませんが、こういうときは「こんちきしょうめ」などと愚痴を言いながら食べている可能性が高いので、しっかりと五感を使っているとはいえないかもしれませんね。あえて静かに、そしてテレビやスマホなども見ず、食べ物だけに集中して、口の中での食感や味を噛み締めていく方法はありです。

余談ですが、最近の私は空を見ながら風を感じることがお気に入りです。今日はどちらの方角から吹いているのか、どのくらいの柔らかさなのか、暖かさはどうか、匂いはどうか、こんなことをできるだけ頭ではなく、身体で感じることにしています。

(3)深呼吸をする

これは坐禅をする前の作法として我が師匠から伝授していただいた方法です。坐禅の前に呼吸を整える目的で深い呼吸を３回します。お寺の坐禅会でも呼吸について教えてはくれますが、詳しく教えてくれるところは少ないと思います。

次に伝授していただいた呼吸の方法を記します。

①まずは口から息を吐きます。下腹部に溜まっているものをすべて吐き出すように、これ以上吐けないところまで吐いていきます。

この際、お腹の奥底に溜まっているものを掻き回して、溜まっているものを吐き出すイメージを持つことが大切です。

腹式呼吸に慣れていない方は最初は大変かもしれませんが、10秒くらい吐くことを目指してみてください。

②吐き切ったところで口を閉じて一拍おきます。

③今度は吐き切った反動で鼻から息を吸い込みます。このときに吸い込んだ新鮮な空気をお腹の奥底に送り込みます。

吸う時間は吐き出した時間の半分くらいが目安です。吐くが10秒であれば吸うが5秒くらいの感覚です。

④吸ったらまた一拍おきます。

⑤①〜④を後2回繰り返します。

話は少しずれますが、私たちは普段呼吸のことを意識していません。学校の理科で習ったように人間は酸素がなければ生きていけないことや、取り込んだ酸素は血液に乗って様々な器官や細胞に届けられていることを頭では理解しています。

ところが、実際には「今日は酸素をたくさん吸い込もう」と意識して呼吸をしている方は少ないのではないしょうか。その上、私たちは日常様々なストレスに晒されています。

このような環境下においては、生物学的にも呼吸が浅くなり、血中の酸素濃度も当然のことながら下がっていきます。また医学的にも自律神経に影響を与え、身体の不調につながっていくことがわかっています。

前記の呼吸法（腹式呼吸・丹田呼吸）をすることで、腹腔内圧が上昇し、消化管の筋肉の収縮運動が活発になり、血流がよくなることもわかっています。その結果として、全身がポカポカしてきたり、副交感神経を高めるセロトニンが分泌されたりすることで、リラックスできる状態になります。

感情に振り回されたときや緊張状態にあるときに、この呼吸法を取り入れることは医学的にも効果があることがわかっている手法なのです。

4　感情は消えることがないことを知る

前項でご紹介した方法は、いってみれば「対症療法」です。

しばらくは忘れていても、また何かをきっかけにして思い出して、感情が揺さぶられることが出てくるかもしれません。あるいは、全く別のことで感情が揺さぶられることもあるでしょう。

「不動心」という言葉がありますが、額面どおりに受け取ると「心が動じない」という状態です。また、坐禅のお話をするときに「無」の状態のこともよく聞かれますが、この「無」というのも一切の感情から解き放たれているイメージをお持ちの方が多いと思います。

そんなときには私は、「残念ながら無理です」とはっきり申し上げています。私たちは色々な外的刺激を受けており、年々その刺激の多さが増しています。そのような環境下において、日常的に「心が動じない」状況をつくり出すことは、ほぼ不可能だと思っているからです。

ではどうしたらいいのでしょうか?

実は「不動心」の真の意味は「動じない心」ではなく、すぐに「平常心」に戻れる心のことをいいます。イメージをしていただきたいのですが、振り子を大きく揺らすと、静止するまでに一定の時間がかかるものの、振り子の振れ幅がそれよりも小さくなれば、静止するまでの時間は先ほどよりも短くなります。

つまり、感情が揺さぶられた際の振り子の振れ幅を極力小さくして、早く静止（平常心に戻る）させることが「不動心」の本当の意味合いになります。ですので、自分は感情を消せないからダメだとか、思い悩む必要はなく、逆に感情は消せないことが当たり前という前提に立って対処する必要があるわけです。

私たちは小さい頃から欠点を克服するように大人たちに指導をされてきています。ですので、何か欠点のようなものに気がつくと、その欠点をなくさなければならないという思考が働きます。このことも自覚して、感情は出てくるものとして受け入れてしまうことがまずは第一歩になります。

5　こころを整える

ではどうやって「不動心」を身につけたらよいのでしょうか？

私の場合はやはり坐禅でした。毎日毎日の坐禅の積み重ねとして、「不動心」の状態に近づいていけたのではないかと思います。

坐禅をするといわれても、やったことがないし、毎日30分も坐禅をすることができないと言われる方もいるかもしれません。

東邦大学有田秀穂名誉教授の研究（https://zen-branding.komazawa-u.ac.jp/contents/1050/）では、毎日30分の坐禅を3か月が最低ラインとして推奨されていましたが、難しいと感じられる方はまずは毎日の坐禅を習慣化させることから始めるのがおすすめです。

3日に1回30分坐るよりも、毎日10分坐ったほうがいいと思います。中々時間がない、坐る場所がないという悩みはあるかもしれませんが、例えば会社のお昼休みに椅子に坐ってやることもできると思います。そしてその際は95頁の3項(3)でご紹介した呼吸法を必ずやることが肝心です。

ところで、「こころが整っている」とはどういう状態をいうのでしょうか？よく緊張状態にあるときや、ストレス過多の状態にあるときなど、リラックスすることを心がけましょうと言われますが、私の中ではリラックスした状態は「こころが整っている」という感覚とは違うような気がしています。

本当にリラックスした状態というのは、副交感神経が優位になっていて、気が抜けているとまではいかずとも、「非戦闘モード」に入っている感じでしょうか。わかりやすく例えれば、寝ている時がリラックスモードです。この状態ですと、パッっと起き上がって行動に移すためには時間がかかってしまいます。「こころが整っている」状態はリラックスしていながら、何かあればすぐに動ける状態だと思っています。

ご存知ない方には申し訳ない例えとなってしまいますが、鳥山明さん原作のドラゴンボールで主人公の孫悟空が修行をしながら「スーパーサイヤ人」に進化していきます。

最初は髪の毛も金髪になり、感情の制御もままならない状態なのですが、修行をさらに進めていく中で、最後は外観上の変化が何もない状態でも潜在的に持っている力をいつでも最大限発揮できる状態になることに成功します。

つまり、交感神経・副交感神経のいずれかが優位な状態ではなく、両方がうまくバランスしている状態ともいえると思います。

周りで自分の感情を揺さぶるような事象が起こったとしても、その事象を素直に受け止め、感情が揺さぶられることを最小化し、客観的かつ冷静に対応できること。この状態が私がとらえている「こころが整っている」という状態かなと思っています。

正直、私自身まだまだ感情に左右されることは日常的に起こりますが、無理に抑えこもう、鎮めようと意識すればするほど、その感情がより強くこころを支配してこようとします。

すでにご紹介した呼吸法によってこころを落ちつけた上で、定期的に自分の身体に溜まっている負の感情を足の裏からスーッと抜いてしまう方法も気分的に楽になります。

両足をピッタリと地につけ、ゆっくりと息を吐きながら、負の感情を頭から足の裏の方へと流していく感覚です。

素足で芝生や土の上でやるとより効果的ですので、是非一度試してみてください。

第5章　上手な自分との向き合い方

1　本当に心の底から「自分は大したことはない」と思っているのでしょうか？

前にも触れたとおり、50代の方々への研修の際に、「あなたの得意なことをできるだけ挙げてください」とお願いすることがあるのですが、スラスラと書ける方は残念ながらほとんどいらっしゃいません。

個別にお話を伺ってみると、例えば「プロジェクトに入って○○について研究に没頭していたことがあります」と仰る方がいました。「それは凄いじゃないですか！」と水を向けると、「いや、そんなことは当たり前だし、誰でもできることですから、得意と言うには程遠いです」とあっさり却下されてしまいます。

それでもこちらもめげずに、「○○について研究したということは少なくともその○○についてはエキスパートであるということですよね？　そして研究に没頭できたということは、諦めずに突き詰めることができるということとではないですか？　誰にでもできることではないと思いますよ」とお話しすると、「そうですかねぇ……」と、まだ訝しげですが、渋々と得意な項目に書き始めてくれます。

私も40代半ばで初めて職務経歴書を書きましたが、自分は何が得意なのかという点は悩んだ記憶が確かにあります。

これは、第1章でも書いたことと重複しますが、日本では欠点を改善することに焦点が当てられているため、自分の長所に目を向ける癖がついていないのです。ましてや社会人になると、大企業になればなるほど自分について考える機会は私たちの世代のときにはありませんでした。そこに謙遜を美徳とする考えが後押しをするので、平均的な人であると自らレッテルを貼ってしまうという構図でしょうか。

しかし、本当に心の底から「自分は大したことはない」と思っているのでしょうか？

私は違うと思っています。誰だって、「私はこんなことを何十年やってきたんだ」とか「私はいつだって黒子としてチームを支えてきたんだ」など、表現は違うかもしれませんが、こういった心の声を聞いているはずです。ただそれに目を向けていないだけなのだと思います。

少し厳しい言い方をすれば、「平均的であることが心地よい」とも言えるかもしれません。私も社会人になってよく先輩から、「出る杭は打たれるから余計なことはしないように注意しろ」と言われていました。

一見役に立つ処世術のような印象を受けますが、これこそがまさに減点主義に対する処世術であり、改革やチャレンジを生まない呪文です。

そのような文化の中で、「自分の得意なことは何でしょうか?」と聞かれても、確かに当たり障りのないコメントにならざるを得ないのかもしれません。

では、誰が自分は大したことがないと決めているのでしょうか? 考えるまでもなく、自分でレッテルを貼っていますよね。ではなぜそんなレッテルを貼ってしまうのでしょうか?

私たちは、目を通していろいろな視覚情報を得ています。その視覚情報から自分と他人を区別して、無意識に比較をしてしまいます。

そして、その比較は自分のバイアスによって他人が自分より優れているところを「あの人はすごいなぁ」とこれも自分で勝手につくり上げてしまいます。次に出てくる言葉は「それに比べて自分は……」というお決まりのフレーズです。

もうお気づきですよね。

前章でも書いたネガティブな感情と同じ構図です。したがって、前章90頁からのネガティブな感情への対処法をうまく使いながら、本来の自分の「真我」に向き合っていくことが第一歩となります。

2　自己肯定感を高めることの罠

今まで読み進められてこられて「つまりは自己肯定感を高めればいいのね」と思われた方もいらっしゃるかもしれません。

最近は、ウェルビーイングの文脈で自己肯定感を高めるということがクローズアップされていますが、そもそも「自己肯定感」とはどういう意味なのでしょうか?

「自己肯定感」は、1994年に臨床心理学者の高垣忠一郎氏が提唱されたものです。そして2016年の文部科学省の教育再生会議にて取り上げられたことがきっかけで浸透したようです。

公益社団法人日本心理学会のホームページを見ると、自己肯定感について次のように説明しています。

「自己肯定感とは、自分がいて他者がいて、その中で自己の存在を肯定できる感覚である。」

(出典:https://psych.or.jp/wp-content/uploads/2023/01/100-12-15.pdf)

つまり、他者との関係性において自己の存在を肯定するものと考えられます。揚げ足取りをするわけではないのですが、他者を比較対象として持ってきてしまうことがそもそも本来の自分(真我)から離れてしまうことになります。

「他者」は、自分ではコントロールできない対象です。そのコントロールできない「他者」を基準に「自己の存在の肯定」を考えても、自分とは関係がない基準と比較すること自体が考え方の出発点としておかしくなってしまいます。

極端な具体例として、「○○さんはまだ係長だけれども、私はすでに課長だ。だから私は存在する価値があるのだ」ということもあり得ることになってしまいます。もちろん、この例を見て「これは自己肯定感とは違う」と指摘される方もいらっしゃると思いますが、実際皆さんが他者との比較で自己肯定感を得ているケースはないでしょうか？

他者との比較のすべてが悪いというつもりはありません。ただ、ここでポイントとしていることは、「自分」の長所や得意とするところをどう認めてあげられるかという点です。

自分のよいところ探しに他者との比較を持ちこんでしまうと、その基準とした他者が変化してしまえば、自分のよいところも見直さなければならなくなりますし、基準としている他者をつくり上げているのは、他ならぬ自分でもあるわけですから、他者との比較に意味はないことを理解していただけるのではないかと思っています。

ところで、「自己肯定感」に比べてあまり使われていない言葉に「自己有用感」という言葉があり、主として教育現場で使われているようです。

文部科学省国立教育政策研究所発行の生徒指導リーフ第18号には、「自己有用感」とは、「他人の役に立った、他人に喜んでもらえた、…等、相手の存在なしには生まれてこない点で、（略）「自己肯定感」等の語とは異なります。」（出典：文部科学省国立教育政策研究所　生徒指導・進路指導研究センター『生徒指導リーフ「自尊感情」？　それとも、「自己有用感」？　Leaf.18』）と記載されています。一見、自己肯定感と自己有用感は似ていると思ってしまいますが、ベクトルが異なっています。つまり、「自己肯定」は、自己から比較対象である他者へ外向きのベクトルを向けていますが、「自己有用」は自分の行動に対し他者が評価したこと、役に立っているという感覚なので、他者から自己へ内向きのベクトルとして向いています。

具体的な事例を挙げると、「あなたはいつも縁の下の力持ちで頑張っている。目立たないけれども、みんなあなたの力量を評価していますよ」と言われ、自分のやっていることが認められたという認識を得る場合などです。

他人の評価もその時々によって当然変化はしますが、このケースでいえば、全体を俯瞰しながら黒子的な存在として必要なときに必要な情報などをチームに提供できるという自分の長所を「自分の中に」見つけることができるということです。

裏を返せば、先ほどのケースのようなポジティブフィードバックを素直にそして常に言い合えるようなチームに属していれば、自己有用感は高まり、自分の長所や得意分野も見つけやすくなるともいえそうです。

3　上手に自分と向き合う5つのステップ

私自身が今まで実際に使ってきた自分への向き合い方について、５つ紹介したいと思います。

(1) 自分を言語化する習慣をつける

自分のことは自分が一番知らないといわれたりしますが、中々自分がどういう人間なのかということを考える余裕がなかったりします。

企業に勤めていると、上司との考課面談の際に自分の得意とする箇所を記入する欄があったりします。私は、ほとんど考えずにコミュニケーション能力・英語・ファシリテーション能力など書いていた記憶があります。

この点について、ほとんどの上司は特段何もツッコミはなかったのですが、私が30歳半ばくらいの時の上司から、これではわからないからもっと具体的に書けと書き直しを命じられたことがありました。

最初言われていることがよく理解できなかったので質問をすると、「櫻井は英語でコミュニケーションができて、ファシリテーションができますだけなのか？」と答えを返されたのです。

それでも今1つ理解できませんでしたが、その上司の言わんとしていることは、私が書いた得意とする項目を使って何ができるのかをもっと考えて書けということでした。

その結果として書いたのが、次のようなことだったと記憶しています。

「人とコミュニケーションを取ることにより、相手の立場を理解し、より相手のニーズを汲み取ることで信頼関係を構築できる。またその手法により チーム全体の信頼関係を高めることで円滑なファシリテーション役もこなす ことができる。これは日本語環境のみならず、英語環境下でも可能」。

このことがその後の私自身のキャリアの大半が海外になったきっかけかど うかはわかりませんが、少なくとも自分の中では「そうか、これが得意なこ とだったんだ」という納得感につながりました。

気づかれた方もいらっしゃると思いますが、得意なことに「ツール」だけ を書くのではなく、その「ツール」を使って「何ができるのか」を書くこと で全く自分にとっての納得感が違ってきます。

そういう意味で自分の職務経歴書を書いてみるのは効果的です。

別段転職を考えていなくとも、職務経歴書を書くことで今までの自分の キャリアを振り返ることもでき、かつ自分の内面と向き合う時間とすること もできます。言語化することで自分が無意識下で何を思っているのかを炙り 出すことができます。まだ書かれたことがない方は是非一度書いてみるこ とをおすすめしますし、書かれたことがある方も今一度書かれた内容を振り返ってみられることをおすすめします。

また、自分のことを端的に表すキャッチコピーを考えるのもおすすめです。私の場合は「禅ライフトランスフォーマー」と名づけてみました。禅の教えを使いながら、自分の人生を時代や年代に合わせて変化させていく人、またその支援をする人、という意味合いでつけてみました。いつでも気軽に変えられるので、遊び感覚でこのように自分を表現してみるのはいかがでしょうか？

(2) 相手に対し素直な気持ちで自己開示する

いきなりハードルが高そうですが、実はこれが一番効果的だと思っています。

なぜならば、自己開示をすればするほど、フィードバックを得られるからです。前述した「自己有用感」の活用ですね。

私は冒頭にも書きましたが、本当に「素直に」自己開示することが苦手でした。いや、苦手というより嫌でした。もちろん、違和感なくコミュニケーションもしますし、傍から見ていると普通だったのかもしれません。ですので、フィードバックもちゃんと相手からいただけます。

ただ、それは本当の自分を開示していない状況でのフィードバックですから、ポジティブなフィードバックであったとしても、自分には刺さりません。

むしろ「本当の自分はそんな人間ではないのに……」という心の奥底からの声が聞こえてくるので、なんだか嫌な気持ちにもなっていました。

それでも「素直に」自己開示することに抵抗感があり、長い間葛藤していましたが、一旦「素直に」自己開示をしてしまえば、何にそんなに怯えていたのかというくらい、楽な自分がいました。

もちろん誰に対しても「素」の自分を曝け出すことはしていません。それでも素直に自己開示する機会は格段に増え、いただくフィードバックについても自分として腹落ちできる内容が増えました。当たり前ですが、フィードバックをいただいたらきちんと相手にもフィードバックするのは言うまでもありません。

さて、少し余談になりますが、フィードバックをもらうときには、当然ネガティブなフィードバックもあります。

もし素直ではない自己開示に対してのネガティブなフィードバックであれば、自分に対して「本当の自分は違うから」と言い訳ができてしまい、折角のネガティブフィードバックも嫌な気持ちだけを残して葬り去られてしまいます。

「素直な」自己開示に基づいたネガティブなフィードバックであれば、その瞬間は心に傷はつくかもしれませんが、本当の自分に言い訳はできないので、自分事として受け止められるでしょう。

問題は受け止め方です。

フィードバックをしてくれた相手が明らかにマウントを取ろうとか、攻撃をしようという意図が明確であれば無視すればよいのですが、受けたネガティブフィードバックが潜在的にそのとおりだと勘づいていても、それを否定してしまうことがあります。あまりにも的を得すぎているケースです。

私も何度も経験がありますが、正直受け入れることが結構きついです。しばらくはその指摘を受けた要因を自分の外側に求める思考が働きます。それでも時間をかけてゆっくりと自分の中にしみ込ませるような感じで私は受け入れようとなんとかします。この時に相手の気持ちに立って考えるとより早く受け入れが進みます。

人間関係を悪化させてしまうかもしれないネガティブなフィードバックを進んでする人はそうそういません。

その方がどのような気持ちで言われているのか、自分が相手の立場であればどうフィードバックするのかなど、相手の視点や気持ちに立つことで、相手の方への感謝の気持ちが湧いてきます。

⑶自分の欠点を長所に言い換えてみる　～明珠在掌～

人は誰しも欠点がありますよね。

そして他人との比較において、その欠点がより自分の中でクローズアップされて嫌な気持ちになられた方も少なくないと思います。

欠点を挙げればキリがないという方もいらっしゃるかもしれませんが、欠点を多く挙げられるということは、裏を返せば自分のことをよく観察しているということです。ですので、その欠点を別の視点から言い換えてみると、そのことが長所としてとらえられる可能性もあるのです。

例えば、「私は頭の回転が鈍い」ことを欠点だと思っている方ですと、「何事に対しても慎重に熟考する」と言い換えてしまえば長所になるわけです。

インターネットで「リフレーミング集」と調べてみてください。そこにはヒントになるネガティブからポジティブに変わる言葉がたくさん掲載されています。自分の内にあるものをリフレーミングしてみるだけでも、気持ちがすっと楽になると思います。

私が敬愛する経営者の方もこのリフレーミング手法を取り入れて会社の経営に当たっておられます。

ところで、「明珠在掌（みょうじゅたなごころにあり）」という禅語があります。我々は常に外ばかりを見て、隣の芝生は青く見えると言わんばかりに嫉妬をしたり、羨ましがったりします。この禅語は「在掌」つまり掌《たなごころ》の中に「明珠」という宝物がありますよ、という意味になります。

宝物はいつも自分の外にあると思っているけれども、ちゃんと自分の中にありますよ、と言っているのです。

だからちゃんと自分の中にある宝物を見つけてあげて、それをしっかりと磨いていけばいいのです。

⑷自分を愛する

私たち日本人は、「愛」という言葉に対して少し臆病だと思います。かく言う私もその1人ではあります。

もう少し「愛」という言葉のハードルを下げるために、改めて「愛」を辞書で引いてみると次のように書かれています。

「対象をかけがえのないものと認め、それに引きつけられる心の動き。またその気持ちの表れ。」

さらに細分化した説明がされていますが、私がここで使っている自分を愛する「愛」は次の2つをミックスした感じでとらえています。

「相手をいつくしむ心。相手のためによかれと願う心。」「何事にもまして、大切にしたいと思う気持ち。」

（出典：『大辞林　第四版』松村明編集　三省堂）

「慈しむ（大事にする）」や「大切にしたいと思う気持ち」を自分自身に向けて考えてみると、少しできそうな気がしないでしょうか？

具体的な例を挙げます。

ある方と話をしています。会話の中で少しずつ自分の中で違和感を覚え始め、これ以上話を続けることがどことなく苦痛になってきました。それでもその方との関係を傷つけることはおつき合いの関係上得策ではないという考えが頭をよぎり、そのまま違和感をしまいこんでにこやかな表情で会話を続けました。

結局その方とは予定よりも1時間多く話をすることになってしまい、リフレッシュするために楽しみにしていた自分のプライベートな時間を潰すことになってしまいました。

皆さんにも結構あるあるのシチュエーションだと思いますが、こんなとき皆さんはどんな気持ちになるでしょうか？

私の場合はまず自分を責めてしまっていました。こんな嫌な思いをするのであれば、なんであの時にはっきりと相手に次の予定があるからと言えなかったのだろうと。

当然そんな気持ちになるでしょう。あるいは、矛先を相手に向けて、あの人はなんで人の気持ちを汲み取らずに自分の都合で話し続けるのであろう、などと思うかもしれません。

いずれにしても、話を続ける決断をしたのは自分であり、過ぎ去った出来事に感情を振り回されることは得策ではないと、ここまで読み進めてくださった皆さんは理解していただいていると思います。その上で、その判断をしてしまった自分を慈しみ、大切にする気持ちを合わせ持つことです。

ここで誤解していただきたくないのは、このケースにおいて「そんな目にあった自分が可哀想だなぁ」などと自分を慰めることを言っているのではありません。自分が現在抱えている感情に対して、放置するのではなく、しっかりと向き合うということです。つまり、「なぜはっきりと相手に言えなかったのか？」という感情に向き合ってあげるという意味です。

そしてここでのポイントは理性的に考えたり思考を整理したりするのではなく、そのときに無意識に感じた感覚や直感に向き合うのです。

この例でいえば、「あのときに違和感を覚えたなぁ」という感覚を大切にします。感じた違和感が何だったのかということに対する答えは必ずしもなくてもいいのです。ただ、「本当の自分が何かが違うと気づかせてくれようとしていた」ことに「気づけ」ばいいのです。この気づきが増えれば増えるほど、本来の自分が見えてくることにもつながるのです。

少し話がそれますが、入山章栄教授の著書『世界標準の経営理論』（ダイヤモンド社）の第22章で感情労働理論について書かれています。

この中に「感情ディスプレイ」という聞きなれない言葉が出てきますが、これがまさに前記の例「にこやかな表情」と関連します。感情労働理論では、感情ディスプレイを「サーフェス・アクティング」と「ディープ・アクティング」の2つに分類しています。

「サーフェス・アクティング」とは、自分の顔にディスプレイする（現れる）感情と自分の本心にギャップがあることを指し、前記の例の「にこやかな表情」がこれに当たります。

一方、「ディープ・アクティング」とは、「まず自分の意識・注意・視点の方向を変化させることで、感情そのものを自分が表現したい方向に変化させてから、それに合わせて自然に感情表現する」ことと記しています。

（出典：入山 章栄著『世界標準の経営理論』ダイヤモンド社）

どういうこと？　という感じですよね（笑）。

先ほどの例で説明します。会話の過程の中で次第に違和感を覚え始め苦痛に感じ始めた際に、「なぜこの人はこのような態度を取り続けているのだろうか？」と相手の立場に視点を変え、例えば「どうも話の文脈から上司との折り合いが最近悪いのは自分が悪いとわかっているけれども、その感情の処理ができないから私になんとか助けてほしいと思っているかもしれない」と自分の初期的な感情を別の感情に変えることを意味しています。

感情をコントロールするという観点からすれば、少なくとも「サーフェース・アクティング」で自分の感情にギャップを抱えたままにするよりはベターだと思います。ただ、個人的には別の感情に変えることはテクニック的にはあり得ても、内情的には簡単に変化させることは難しいと思っています。

ここまで引用してきた『世界標準の経営理論』第22章の末尾には、「これからの時代は、感情マネジメントがビジネスの勝敗を決める時代とも言える。もはや感情は精神論ではない。理論的科学的にとらえ、マネジメントできる時代になりつつあるのだ」(出典：入山 章栄著『世界標準の経営理論』ダイヤモンド社)として締めくくっており、この点については全くそのとおりだと感じています。

4　自分のこころの状態を可視化する

冒頭ご紹介させていただいた心理セラピストの池田登先生から自分のこころの状態を単純に「青」と「赤」で可視化するという非常にシンプルな手法をご教示いただき、これをよく活用しています。

「青」は自分のこころが「快《かい》」、つまりご機嫌な状態であり、「赤」が「不快」、つまりご機嫌な状態ではない、という区分けです。

自分がふと気がついたときに何かに執着をしていたり、囚われていると感じたり、あるいは何だかわからないけれども違和感がある場合、自分のこころの状態が「青」or「赤」のどちらなのかということに意識を向けます。

「青」であれば問題なし、「赤」または少しでも「赤っぽい」という感覚があれば、90頁前章３の対処法で「こころ」を整えます。このポイントはいかに早く自分の思考回路がネガティブループに入りそうになっているか、または入っているのかに気づくことです。ネガティブな感情は時間が経てば経つほど増長してきます。

最初はちょっと怒っていただけだったのが、自分の怒っている状態に拍車がかかり手がつけられなくなったことを経験として持たれている方もいるかもしれません。ですので、煙が出そうになったら、さっと火の元を消してしまうことがポイントです。

【コラム】「夢」ではなく「情熱」を持つ

「あなたはどんな夢を持っていますか？」と質問されたとき、あなたは実現できそうなことを答えますか？　私は多分できないだろうと思うことを答えていました。

なぜならば「夢」は叶わない願望という思い込みがあったからです。

最近ふと気がつくと、「夢」という概念が私の中からはなくなっていました。

これは自分の考え方の変化によるものです。

「夢」を持つのではなく、第2章でも触れた「実現したい未来」に対して「情熱」を持つ、という考え方への変化です。

自分のこころに一点の迷いも持つことなく、「絶対に○○するぞ！」「絶対に○○になるぞ！」と自分に言い聞かせ続ける。そして、ひたすらアンテナを立て実現させるために行動する。

大谷翔平選手が２０２３年のワールドベースボールクラシック決勝戦の前に言った「憧れるのをやめましょう」とは「夢」を捨て、「絶対に勝つ」という「情熱」だけを求めた発言だったと思います。

特別な人にしかできないことではなく、誰でも「情熱」を持てば、それは現実となって自分の目の前に現れてくるのです。

第6章　五感を取り戻す

1　風の匂い

私は、セミナーや坐禅会などで参加されてくる皆さんによく問いかけます。

「最近風の匂いを嗅いだ方いますか?」

東京都内だけでのヒアリングですが、ほとんどの方は「え?」という表情を見せながら周りの方々を見渡します。

残念ながらYESと答えた方はほとんどいらっしゃいません。

次に「空を眺めてきた方はいますか?」と問いかけます。こちらはチラホラ手が挙がりますが、依然マイノリティです。

私も東京都内に勤務していた時のことを思い出してみると、雑踏の中を頭の中でスケジュールの確認や今日のやることリストの整理など、色々と頭をカチャカチャ働かせながら、意識はここにあらず、黙々と歩いて職場に向かっていた1人でした。

今でも都心の主要駅で人の行き交う様子を見ていると、私と同じようなことをしている方に加えて、スマホを見ながら黙々と下を向いて歩いている方も少なくありません。

また話が脱線しますが、ある方が「UFOの存在を信じていますか？」と質問され、「信じません」という方に「あなたは空を眺めていますか？」とさらに質問をすると、「いいえ」と言われたので、「じゃあ存在しているか否かはわかりませんね」と問答した話を半分笑い話として伺いました。

さて、「風の匂い」です。

記憶がないなぁという方はぜひ嗅いでみてください。隣の家でつくっているカレーの匂いを嗅ぐことがあるかもしれませんが、できれば風そのものに意識を向けてください。

自分の鼻の中を通る風は少し湿っているだろうか、少しひんやりしているだろうか、どこから吹いて運んできた匂いだろうか。そして「風」を感じてみてください。

もし風がこの世に存在しなかったらと想像すれば、風に対して感謝の気持ちも出てきます。そして風の気持ちになってそのまま身体を委ねてフワフワしてみるのもいいかもしれません。

こんな感じで2、3分だけでも「風の匂い」を感じてみてください。こういう感覚を自分の感覚として身体にしみこませていくのです。

森林浴に行って、思い切り深呼吸をして「木々や青葉」のいい匂いを感じた方も多いと思います。これからまた行く機会があるときは、今まで以上に深く感じ取ってみるようにしてみてください。

そしてできればですが、靴と靴下を脱いで、自分の足の裏で大地を感じてみてください。芝生や土の上に直接素足を乗せて足の裏から感じてもらうのがおすすめです。これはアーシングといわれていて、アースのように身体に溜まった電気を放電することで体内電位のバランスを図る効果もあるといわれています。

私自身は実際に測ったことがないので、感覚的なことしかわかりませんが、足の裏に意識を持っていくことで大地とつながった感覚や身体の中に滞留しているものが大地に流れていくような感覚を持つことができるので、終わった後にスッキリとした気持ちになることは体験しています。

2　普段どれだけ五感を使っていますか？

改めていうまでもないかもしれませんが、五感とは「視・聴・嗅《きゅう》・味・触」の五つの感覚のことをいいます。「目・耳・鼻・舌・肌」で感じたものです。そもそも五感は我々人間が生き延びるために動物と同じような本能を持っていたことから発達してきたものと考えられています。

危険が近づいていないかを視覚的に確認したり、耳をそば立てたり、匂いを嗅ぎ分けたり、口に入れて安全なものかを確かめたり、触ったりといった行為が古代から繰り返されて現代の我々が今こうして生活しています。我々の生活は古代に比べると様々な危険から守られているため、当時のような五感の使い方をすることがめっきりと減ってしまいました。それでも目の前から超不機嫌そうな上司が歩いてきたら、危険信号が身体中に鳴り響き、その場をどう回避しようかと必死に考え始めることは少なからずやっていることだと思います。

さて、普段私たちは何気なく見たり聞いたりしていますが、実際にどれだけのものが見えて、聞こえているのでしょう。そこには対象物が確かに存在していて、そして様々な音も聞こえるはずですが、実際には自分の見たいものや聞きたいものしかインプットされないことは皆さんも経験上よくおわかりのことだと思います。

顕著なのは、ご飯を食べるときではないでしょうか？

昔から「ながら族」といって、テレビを見ながら食べたり、最近ではスマホを片手に食べたりしているので、何を食べたのか、どんな味がしたのか覚えていないこともケースとして増えている気がします。

一度スマホやテレビなどから離れ、じっくりと食事を味わってみてください。

目で見て、匂いを嗅いで、食感を味わって、噛む音に耳をそば立てて、じっくりと素材1つひとつの味を確かめ、喉越しも感じてみてください。

食事を味わうことに関する日本語も多義にわたります。旨い、まずい、さっぱり、香ばしい、脂っこい、歯応えがある、こしがある。できるだけ味わいを自分なりに表現してみてください。

そしてさらには、その食材がどこから来たのか、どんな方によってつくられたのかということに思いを馳せ、改めて感謝の気持ちでいただくのもよいと思います。

食事の話題ついでに、最近できるだけ食事に徹することを心がけているという話をします。この食事に徹するということをしないと、ついつい食べ過ぎたり貪《むさぼ》ったりすることにつながりやすいと気がつきました。

健康のためには、よく噛んで食べましょうということは昔から言われていますが、今から思えば噛むこともそこそこに飲みこんでしまっていることが少なくありませんでした。

新入社員で工場に配属になり初めての昼食を職場の方々と一緒に食べた時に、いただきますとともに、まるで競うように皆さんが5分ほどで食事を平らげ、慌てて食べたことを今でも鮮明に覚えています。

この早食いは、早く席を空けることや昼休みの時間を食事以外に使いたいという目的（仕事や睡眠時間に充てるなど）がありましたが、味わうどころではありません。これがきっかけになったかどうか、もはや定かではありませんが、とにかく早食いの癖がついてしまったことは間違いありません。

この癖を正すことに効果的だったのは玄米でした。玄米はそのまま飲み込むわけにはいかず、どうしても一口食べたら20～30回は噛まざるを得ません。

そして噛むたびに口の中で味に変化が現れ、お米の本来の旨みがじわりと感じ取れてきます。

不思議なことに今まで白米であればお茶碗2杯くらいを食べていたものが、玄米にしたことでお茶碗1杯以下の量になりました。

おかげで同じ満腹感でも以前は食べ過ぎた感が強かったものが、ちょうどいい感じになり、身体への負担も軽減された感じがします。五感を使った食事の練習のためにも、玄米はとてもおすすめです。

もう1つ私の体験をご紹介したいと思います。

先日ブラインドフットボール元日本代表の加藤健人さん指導のもと、ブラインドフットボールを体験させていただく機会がありました。

ブラインドフットボールという競技があること自体を知らなかったのです

が、アイマスクを全員がつけた状態でボールの音とコミュニケーションで行う5人制のサッカーです。ボールの中には鈴が入っていて、転がると鈴の音が聞こえる専用のボールを使います。

アイマスクは、今まで機内で寝るときにつけていたくらいで、つけたまま立ったり、ましてや動いたりしたことなどなかったので、アイマスクをつけた瞬間、距離感も掴めず、また身体が真っ直ぐ立っているのかという平衡感覚も失い、一気に不安になりました。

まだ10名以上の方がいましたので、人の声が聞こえたことが安心感につながりましたが、もしこれが1人しかいない状況を想像すると、人間がどれだけ視覚情報に依存しているのか容易に理解できました（もちろん聴覚の場合でも同じだと思います）。

こんな状態でいきなりボールをドリブルしたり、蹴ったりは到底無理ですので、慣らしとして言葉を使ってアイマスクをした相手にあるポーズを取ってもらうゲームから始まりました。

例えば、「右腕は地面に並行に真っ直ぐ伸ばして、左腕は反対方向に伸ばしてください」と伝えます。そうするとアイマスクをしている方は、その言葉から想像して腕を伸ばすのですが、声をかけた方の思惑とは違う方向に腕を伸ばしてしまい、伝えた側は指示した言葉が足らなかったことを思い知らされます。

このように視覚情報がないと言葉だけに頼って行動しなければならないため、より伝え方の重要性を理解することになるのです。

「メラビアンの法則」というのを聞いたことがある方もいらっしゃると思います。私たちが普段行なっているノンバーバル（非言語）メッセージも含めたコミュニケーションの場合、言語・聴覚・視覚の割合が、言語7％、聴覚38％、視覚55％と圧倒的に視覚情報が高いといわれています。

（出典：Mehrabian, A. ,1971, Silent messages. Wadsworth, Belmont, California.）

そういうコミュニケーションに慣れている中で、視覚情報がなくなると、一気に言語への依存度が高まることは想像していただけると思います。

体験プログラムの詳細は割愛しますが、この後、聴覚を頼りに動いて仲間を探したり、実際にボールを蹴ったりしましたが、前述した伝え方の重要性に限らず、様々な音が聞こえる中でそれぞれ音を聴き分けることに意外と苦労をしたことが、色々と得た気づきの中で、もっとも大きな気づきでした。音が聞こえる方向や様々な音や声での聴き分けに十分フォーカスできなかった。つまり、普段聴覚という五感をしっかりと使っていなかったという気づきです。

何となく聞いている、あるいは聞き流していることが、いざ聴覚に依存しようとしたときに機能しないということです。同じようなことで人の気配を感じるということもそうでした。

普段は視覚情報としてどこにどんな人がいるということがわかりますが、アイマスクをしていると、人の気配も感じないといけません。微妙な空気の流れや人の体温を感じるということを普段はほとんど意識していません。

こういうトレーニングをすることで五感を研ぎ澄ますことはとても有効であると改めて感じた次第です。加藤さんの素晴らしい人間性にも触れることができ、とても有意義な時間になりましたので、ご興味ある方は是非加藤さんのホームページ：https://kento-kato-official.spo-sta.com/ を覗いてみてください。

【コラム】曹洞宗における食事作法

私は、まだ実際に体験したことはありませんが、曹洞宗の禅寺での食事は「黙食」といって一切声を発さず、会話もせずにいただきます。食事に徹するという考えです。

曹洞宗の開祖である道元禅師は、「赴粥飯法（ふしゅくはんぽう）」という食べる修行の教えをまとめられています。

この中に食事の前に唱える「五観《ごかん》の偈《げ》」があり、曹洞宗のホームページにちょうどよい現代語訳が載っているので、ここに引用させていただきます。

1つ、食材の命の尊さと、かけられた多くの手間と苦労に思いをめぐらせよう

2つ、この食事をいただくに値する正しき行いをなそうと努めているか反省しよう

3つ、むさぼり、怒り、愚かさなど過ちにつながる迷いの心を誡めてい

ただこう

４つ、欲望を満たすためではなく健康を保つための良き薬として受け止めよう

５つ、皆でともに仏道を成すことを願い、ありがたくこの食事をいただきましょう

（出典：曹洞宗 SOTOZEN-NET：https://www.sotozen-net.or.jp/zen/eating/gokannoge より引用、但し、文頭の数字は筆者が追加）

最後の５つ目がわかりづらいかもしれませんが、別の言い方をすれば修行を成就するためにありがたくいただきましょうという意味でとらえていただけばよいかと思います。

是非一度この言葉の意味を加味して食事をいただいてみてください。

3　なぜ五感を取り戻す必要があるのか？

私たちは、普段五感を何気なく使っていると思っています。

現に見たり、聞いたり、触ったりしていますので、使っているのは間違いないのですが、「本来持っている能力レベルで使っていますか？」と問われるとどうでしょうか。

企業に勤める多くの方々は、自然の風に当たることもない、室内温度が快適に設定された部屋で、かつ床にはでこぼこや水たまりもない、歩きやすいフロアの中で仕事や生活をしています。別の言い方をするとほとんど五感に刺激を与えるような環境にいないということです。

昔よく訪れた母方の実家は、エアコンも普及していない時代でしたから、夏は当然窓を開けっ放し。生暖かい風もあれば、少しひんやりとした風も感じていました。

その風に乗って、汲み取り式のトイレからの臭いや、蚊取り線香の匂い、日が当たらない部屋からは少し湿気を帯びたような陰気臭い匂いなど、様々な匂いも感じていた記憶があります。

生活レベルを考えれば、断然現代の方が快適かもしれません。それでも、あのときに五感で感じた様々な感覚を思い出すと懐かしくまたあの時の感覚を味わいたいと思うのはなぜでしょうか？

人間の赤ちゃんの脳細胞の数は、実は大人とほぼ同じだそうです。

では何が大人と違うかというと、神経細胞（ニューロン）同士がつながっていない、つまりニューロンとニューロンをつなぐシナプスがほとんどないことだそうです。そこから6歳くらいまでに大人と同じくらいの大きさの脳になるそうですが、このシナプスを増やすために使われているのが、五感からの刺激なのです。

もちろん右肩上がりにシナプスの数が増えるわけではありませんし、誰でも脳内ネットワークが発達をするわけでもありません。しかし、ポイントは何歳であったとしても、新しい経験を重ねることで脳は成長することがわかり始めていることです。そのために重要なことは外からの刺激や経験であり、これがネットワークの形成に役立つといわれているのです。

２０２４年5月に厚生労働省の研究班が高齢者の認知症の数は２０２５年には、４７１・6万人、２０４０年には５８４・2万人と推計したと発表しました（出典：『認知症及び軽度認知障害の有病率調査並びに将来推計に関する研究』より厚生労働省作成）。数値はともかく高齢者の増加とともに増加傾向にあることは間違いなさそうです。誰しも自分が認知症に罹りたいなどと思っていないはずです。ましてや、万が一認知症となった場合、ご本人はもちろんのこと、家族・社会へのインパクトも当然出てきます。

ただ、そのような推計がされている中、変化がなく刺激もない生活を続けていくことこそが、そのリスクを上昇させることにもなりかねません。

少し論理が飛躍したと思われるかもしれませんが、五感を使おうと少し意識を向けるだけでもかなり違った生活になります。

例えば、空を見上げて雲の形から何かを想像したり、道端に生えている花や木々の葉の色に意識を向け季節を感じたり。あるいは職場でも同僚の服装の変化や机の上に置いてあるものの変化に意識を向けたりすることから始めてもよいと思います。

普段何気なく通りすぎている情景に注意を向けるだけでも、小さい変化に気づくはずです。その変化を起点にして、さらに他のところに意識が向き、また気づきが起こることにワクワクしてみてはどうでしょうか？

4　知識が五感を鈍らす？

一方でこんなご経験はないでしょうか？

パッとアイデアがひらめいて「これはいける！」と直感した直後に、「いや、待てよ…」と過去の経験やデータ、あるいは文献などから「やっぱりこれはうまくいくはずがない」とすぐに諦めてしまった。

もっと身近な例では、車を運転していて「なんとなく右に曲がったほうがよさそうだなぁ」と思ったものの、ナビゲーションでは直進となっていたので、そのまま直進したら思いもしない渋滞にハマってしまったとか。

私たちはこのようにひらめいたことに対し意味づけをしたり、勝手に自分で評価をしたりする癖があります。
これを専門的には大脳化現象といい、「私たちの感覚には、強い感覚がそうでない感覚をマスクするという性質があり、（略）識別的なものに意識が集中してしまい、もともとあった感覚（=触覚、身体感覚）を忘れてしまっている」現象のことをいうそうです。

（出典：https://furue.ilab.ntt.co.jp/book/201904/contents2.html）

よく笑い話として使われていますが、高いワインと安いワインを別々のグラスに入れ、味比べをしてもらうときに、敢えて安いワインをフランスのボルドー産だと嘘の説明をすると、試飲者は直感的には違うかなと思っていても「確かにもう片方と比べると味の深みが違う」などとコメントしてしまうなんてありますよね。

「常識」という言葉にも私たちは左右されがちです。小さい頃から「そんなのは当たり前」と言われ続けていることや学校で学んだことは正しいはずだなど、私たちはついついその常識に囚われていることにすら気づかないときがあります。そして、科学技術の発展に伴ってつくり出された常識や知識がどんどん増えてきているのが実態です。しかしながら、かのアインシュタインは「常識とは、十八歳までに身につけた偏見のコレクションのことをいう。」（出典：ジェリー・メイヤー著，ジョン・P・ホームズ著『アインシュタイン150の言葉 Kindle版』ディスカヴァー・トゥエンティワン）と喝破されています。

前述のとおり、人間は元々動物が持っている生きるための本能を持っています。動物は危険が近づいていると察知すれば、早めに逃げるなり戦闘モードに入るなど、即行動に移します。私たちはどうでしょうか？

例えば、病院で定期検査を受けた結果が悪かった場合、今まで何とも思っていなかったのに身体がどことなくしんどく感じたりしたことはないでしょうか。あるいは会議中に自分は感覚的にその案に反対したほうがよいと思っていたのに、様々なエビデンスを提示され、もしかしたらそうかもしれないと賛成してしまい、後になってやっぱり最初の感覚が合っていたと悔やむなど、シチュエーションは違えど、似たような経験は皆さんにもあると思います。このように自分の五感を含む感覚を直感的に感じた後に、自分の意識の中でそれに対しての答え合わせや意味づけといった思考が形成されており、この思考が知識や常識に囚われていると、せっかく感覚的に受けたメッセージに対して蓋をしてしまうのです。

もう1つ例を挙げてみると、ある事象に対し直感的に違うと思った事柄に対し、論理的にその事象が違うと説明できないことに気づいたため、このままでは自分の意見が破綻することを避けるために、論理的に説明できる「正しい」という決断に最終的にしてしまうということです。

ここで誤解していただきたくないのは、知識・常識よりも自分の直感を大切にすべきだと言いたいわけではありません。直感と知識のバランスを保つことが非常に大切なのです。

自分の思考の癖をよく理解したうえで、直感的に感じたことに蓋をしてしまうのではなく、どちらが今この瞬間の自分にとって最善なのかという観点で判断をするようにすればよいと思います。

言わずもがな、誰しもが未来を正確に予測できるわけではないので、その判断が外れるということもあるでしょう。

それでも自分の感覚も踏まえて総合的に判断したのであれば、そうでない判断に比べて後悔する度合いは全然違うと思います。

五感をフル活用し、その中から感覚的にどう自分が受け取るのかという点を意識していると、自転車に無意識に乗れたように、次第に無意識にできるようになってきます。

特に自分の身体的な不調に対しても敏感になってきます。何気なく身体の一部を触っていたりしたときなどは無意識に手当てをしている表れでもあります。

手当てとは、文字どおり「手を当てる」ことですが、西洋医学が本格的に入ってくる前は「手を当てる」ことで患部を癒していた時代もありました。今では手当てで治すことは難しいですが、無意識に身体に違和感を覚える所に手を当てるのは本能と言ってもいいかもしれません。

また五感を働かせると、自分の末端の血流がどうなっているのかというところにも気がつくことができます。

ひとまず知識や常識から離れ、自分の感覚を拠り所に生活をしてみてはどうでしょうか？　きっと興味深い気づきを得ることができると思います。

5　ラベリングをしない

どこでもいわれていることですが、私たちは今膨大な情報の波の中で生活をしています。私たちは変化や不確定要素に対し、その状況をなんとか打破して安心・安全な環境をつくるように行動します。

その本能に輪をかけて、優れたリーダーは瞬時に物事を判断し差配する人というモデル像もできあがってしまったため、情報を処理することに対し、より時間との兼ね合いが重要と認識され、「早く決めなくては」といった無言のプレッシャーに苛まれたりします。

このような状況での判断が正しかったと思う人もいれば、後になってから正しくなかった、あるいは「あのときはそう判断せざるを得なかった」と自分を納得させる人、様々だと思います。

私自身も今までよいも悪いも様々な決断をしてきましたが、決断を下すプロセスには今振り返るとどうだったのか、と思うことがあります。

先ほど触れた私たちの特性として、自分の置かれている環境を早く安心・安全な状況にするために、課題などをテキパキと判断するという一面もあると思います。

このときに、私はどう判断することが多かったかといえば、過去の最類似案件を記憶の引き出しから引っ張り出し、その事案をベースに判断をしていました。

また人間関係であれば、過去接点のあった方々の中から最もタイプが似ている方を抽出し、その方へ対処した方法を参考にしたりしていました。

つまり、ラベリングをすることで、ゼロから情報を収集して判断をするのではなく、過去の類似した状況をベースに新たな情報を付加して判断していたことが多かったということです。

このように整理すると、時間軸の観点からは効率的だということは皆さんも理解できると思いますが、一方でこのプロセスが判断をするうえで、どうなのかという点ではいかがでしょうか？

挙げた例は私自身が体験してきたことに基づく判断ですが、もし私が実際に体験したものではなく、本から得た知識やノウハウに基づいて出す判断だとすればどうでしょうか?

繰り返しますが、絶対に正しいということはありませんので、よいとか悪いとかではありません。無意識にこのようなプロセスを経て判断しているかもしれないという認識をしておくことが大切だと今の自分は思っています。

ケンブリッジ大学のバーバラ・サハキアン教授の研究では人間は1日に最大3万5000回の決断をしていると考えられているそうです（出典：Sahakian, B. J., &. Labuzetta, J. N., 2013, "Bad moves: how decision making goes wrong, and the ethics of smart drugs." London: Oxford University Press.）。睡眠時間を6時間とすると1時間あたり1944回、1分あたり32回の計算になりますので、いちいちゼロから情報を整理し直していたのでは何も前に進まないことになりそうです。

それでも自分が判断をするにあたり、どことなく決めた判断に迷いがあったり違和感があったりしたときは、ラベリングをしていなかったかどうかという観点で立ち返ってみるのも役に立ちます。

特に対象が「人」であれば尚更です。私たちはすでに血液型や星座などで人をラベリングしてタイプ分けしています。また人種によってのラベリングも現実的にはあるでしょう。また会社に勤務していれば、職務経歴書から毎年の人事考課まで特定の人に対して得られるデータはたくさんあります。

そういったデータも含め、ラベルを剥がし、自分の目でその人を見て、自分の耳でその人の声を聞いて、自分の感覚でその人を感じてみる。今はオンラインも増えてきたので、画面上で感じることはリアルより難しくはなっていますが、意識を向ければ画面上からだけでも得られる情報はたくさんあります。

解決しなければならない事案についても、その事案に関わる人であったり、ストーリーであったり、様々なファクターがあると思います。そのファクターのラベルを剥がし、自分を当事者になった視点で感じてみる、あるいは自分の目で現場を感じてみるといったことも考えられます。

自分の頭の中、机上だけで物事を判断せざるを得ないことのほうが多い中で、自分の五感を使って物事に対峙する経験を積み重ねることは、自分の感性を磨くという観点で非常に重要です。これも少し意識を向けるだけでも違ってきます。ぜひ意識を向けてみてください。

6　不都合を愉しむ

私の師匠が住職を務める青森県十和田市のお寺は、実は２０２２年７月に本堂を残し全焼してしまう火事に見舞われました。

人的な被害がなかったことは幸いしました。そんな状況下でも、元々お寺で研修をする予定が組まれていたため、さすがに様々な観点から場所を借りて開催したほうがよいのではと、師匠に別場所での開催を提案したのです。

「そんなことはしなくてよい！　不都合だからこそ学べることが多いのだからそのままお寺の本堂で開催する！」と一喝されました。

私はこの時にハッとさせられました。

私たちはあまりにも便利な生活に慣れ過ぎてしまっており、便利さがないともはや生活もままならないのではないかとさえ思ってしまいます。

いざ本堂で研修が始まると、檀家さんや業者の方が出入りをされたり、明かりが足らずによく見えなかったりと、最初のうちは色々なことが気になり、集中できなかったものの、話をしている師匠に意識を向け、集中すると不思議なことにあまり周りの環境が気にならなくなってきました。これは思いもしない気づきであり、まさに目から鱗の体験でした。このときの主な気づきを次に３つ列挙します。

・便利すぎる環境にいるときのほうが逆に集中しなかったりする
・一語一句聞き取れなかったとしても、話し手の伝えたいという意思とともに非言語のメッセージが伝わる
・少しでも環境をよくしようと工夫をする

私たちは、便利過ぎる世界にいても、もちろん様々な工夫を凝らしてよりよい生活を目指しています。しかし、その前提が崩れたときに、どのように生活すればよいのかについて、あまりにも無防備になり過ぎているのもまた事実です。私自身１００年前の生活に戻ったときにどこまで生きていけるのか正直自信はありません。非現実的なことを考えても仕方がないと思われる

方も多いとは思いますが、あるべきものがないという世界がどういう世界なのかということを実際に体感しておくことは必要だと思います。

それをまた体感することによって、今目の前にある当たり前のものに対し、感謝の念やありがたみが出てくることにもなります。

例えば、雲行きが怪しいとき、スマホで天気予報や雨雲レーダーを見る前に、空を見上げて風を感じ、いつ頃雨が降るかもしれないということを感覚としてとらえてみる。当たるか外れるかが問題なのではありません。感覚を研ぐことが目的です。感じた後にスマホで答え合わせをして見るのもよいですが、天気予報も100%正しいとは限らないので、結果がどうだったのかまで確認したいところですね。

私たちの生活が便利になった代償として失ってしまったものも少なくありません。私たちが元々持っていた「感覚」だけではなく、利便性を追求し過ぎたために生態系を壊し、その結果として地球環境にも影響を与えてしまっていることはいうまでもありません。不都合を愉しみながら、「足るを知る」レベルも意識しなければならないと思っています。

第7章　楽に生きるための8つのこころの持ち方

1　「楽に生きる」とはどういう状態か

ここまで読み進められてきた方は、「楽に生きる」とはこういう感じではないかということを感覚的に掴めていらっしゃるかもしれませんが、改めてここで整理をしていきたいと思います。

その前に、１つはっきりさせておきたいことがあります。

誰しも「楽に生きたい」と思っているはずです。

もちろん、楽に生きられるに越したことはありません。

重要なポイントは、「楽」とはどういうときに思うかということです。

「楽」と感じられる状態が未来永劫続くとしたらどうでしょうか?

それはマンネリ化し、もはや「楽」とも感じられない平々凡々な状態になっているのかもしれません。そうなんです、「苦」があるからこそ、「楽」を感じられるのです。「楽」と「苦」は表裏一体であることを私たちは覚えておく必要があります。

その前提で、話を続けます。

人間は誰でも成功者になりたいだとか、幸せになりたいと思っています。人によって価値観は異なりますが、そのためにどうしなければならないかということを考え、目標を立て、アクションプランをつくって、準備をして、実行して、そうまさにＰＤＣＡのサイクルを回して実現しようと努力します。

このときの自分自身の必死の努力や自分の思いどおりにことが運ばないといった「苦しみ」を乗り越えれば、「楽」がやってきます。

しかし、私たちは他者との関わりの中で生きているために、違う「苦しみ」を生んでしまうことがあります。

例えば、成功者になるために、あるいは幸せになるためにと、自分の純粋な気持ちで始めたことでも、他者との関わりによって、「あの人のほうが自分より成功している」といった妬みや、「あの人のせいで私が幸せになれない」といった恨みなどが起き、先ほどの「純粋な苦しみ」とは違う「ドロドロした苦しみ」に苛まれることになるのです。

また、成功者になるためには他者に勝たなければならないという思い込みが、「勝つ」ことへの執着となり、人を貶めたり、必要以上に自分をアピールすることなどへとつながり、「本来の自分」とはかけ離れた行動に対し、潜在的に「自己嫌悪を伴う苦しみ」を味わうことにもなったりします。

このような状態に陥ると、何かうまくいかないことに対し、より他者や外部環境にその原因を求めることになりがちです。あるいは極度な自己嫌悪に陥ることさえあります。そして、時が経てば経つほど、この負のループから抜け出せなくなっていくのです。

このような「苦しみ」の先に本当の「楽」はやってくるでしょうか?

地位や名誉を得れば、その瞬間は「ついに手に入れた」となるでしょう。しかし、自然の摂理に反したやり方で手に入れたとしても、自分で閉じ込めてきた負の苦しみの封印が解け、「楽」とは程遠い状況を背負い続けることにもなりかねません。

5章でも触れた自己肯定感が低いと、楽に生きることに対しては障害となる可能性があります。「会社の中のチーム内で私が立場的に優位であると認められた」などから始まり、SNSでの充実した生活を示した投稿でたくさんの「いいね」がついた、なども執着になります。

特にＳＮＳはたくさんの「いいね」の後の投稿で「いいね」の数が極端に減ったときに、ちょっと嫌な気持ちになったりしたことがある経験をお持ちの方もいらっしゃると思います。

そうすると、また「いいね」をもらうことが目的化してしまうという先ほど例示したものと同じような状況になります。

どのような状況においても、周りに振り回されたり、比較したりすることなく、常に自分の内なる声と向き合い、「今、この瞬間に」やるべきことに集中する。このことを徹底していくことで「楽に生きていく」一歩を踏み出すことができるようになります。

ここからこころの持ちようとして禅の言葉も使いながら事例を上げていきたいと思います。

2　自他一如　～自分1人ではない～

禅語には「一如《いちにょ》」という言葉が多く使われています。

「一如」とは、簡単にいえば表れている現象は異なっているが「根源的に同じもの」という意味なのですが、もっと奥が深い言葉だと思っています。

私たちは気がつかないうちに、「自我」を出してしまいがちであることは、触れました。誰かのために、チームのためにという建前はあっても、自分のためにやっていることも少なくありません。

私も気がつけばチームの中で独りよがりになっている経験をしたことがあります。こういうときは、「自分がやらなければ」という責任感や使命感もあるため、自分としてはモチベーションも高く高揚感がありました。

一見悪くなさそうですが、チームとしてはどうでしょうか？　その時リーダーであった私の決めたことに反対する人もいない状況で、「どうせそれで進めるのだからやれば」といった白けた雰囲気すらもあったことに気づかずに、１人で突っ走っていました。

結果は出たものの、チーム一丸であったかどうかと今問われると、答えに窮します。ただその当時は、そのやり方が成功体験になり、同じようにやればいいとさえ思い込んでいました。

そうなると、また自分にプレッシャーをかけ、「自分がやらねば」と自我が現れ、自分を追い込み苦しむことになります。合議して物事を進める、あるいは他人の力や知恵を借りることはリーダーとして情けないという自分でつくり上げた「常識」もありました。

イケイケのときはまだよいですが、自分の判断がずれ、1つでも歯車が狂ってくると、皆さんが容易に想像できるように、チームは一気に瓦解します。責任のなすり合い、モチベーションの低下、黙々と自分のやれる範囲のことだけをやるなど、チーム内はバラバラです。

もしそのときに私が「自他一如（じたいちにょ）」という禅語を知っていたならば、違ったプロセスを歩んでいたと思います。

このときの私はメンバーを「人」として扱っていなかったといえます。ある意味自分の立てた作戦を遂行するための道具です。だから、チームとしてはダメであったと結論づけられます。

私とあなたは、根源的には同じ目標を共有する同士である。考え方や意見が異なったとしても、お互いを尊重し、叱咤激励し、1つのチームが1つの大きな個体であるが如き動きをする。

共存共栄の精神が「自他一如」であると気づき、ともに笑い、楽しみ、悲しみ、慈しみながら、成長する。このような状態であれば、仮にそのときに結果が出なかったとしても、チームとしての経験知や智慧、そして何よりも信頼関係が大幅に増え、何事に対しても耐性が高まることになります。

理想論に聞こえるかもしれませんが、前述した2つのケースを自分に当てはめてみたときに、どちらが自分として「楽」な状態になっているでしょうか？　またメンバーの立場としてはどうでしょうか？

まずは事始めの前に「自我」をコントロールし、メンバーと呼吸や波長を合わせる努力をしていく。それが「自他一如」へとつながる第一歩であると私は思います。

３　柔軟心　～受け入れる～

「自他一如」の世界をより確実なものにするためには、「柔軟心」も必要です。普通私たちは、「じゅうなん」と読みますが、禅語では「にゅうなん」と読みます。

意味としては文字どおり「柔らかいこころ」であり、さらには「１つのことに囚われない」ということにもつながります。

私自身もかなり自分の考えに固執をしていました。人から異なる意見を言われると、自分の価値観や考えと少しでもズレがあれば「いや、それは違う！」と相手が話を終える前に畳みかけることも少なくありませんでした。

コーチングを学び始め、「傾聴」というスキルを学んでからは多少よくなりましたが、「柔らかいこころ」で相手の意見を受け入れるというにはまだまだ程遠いレベルでした。ひどいときは「聴いているフリ」をして、その間にどうやって相手を自分の考えに合わせてもらうべく説得したらよいかなど、頭で考えていたこともありました。

今から思えば、本当に相手に失礼な話です。おそらく聴いていた相手の方も感覚として、本当は聴いてもらえていないなとわかっていたのではないかと思います。今ではわかったように書いていますが、「受け入れる」ということは簡単なことではありません。

人間ですからどうしても感情的な面や生理的な面で受け入れ難いことは多々出てきますし、少しでも相手との間に自分と異なる感覚や意見などが察せられると、安心・安全な場所に自分の身を置くために、もっともらしい言い訳をつくって受け入れを排除する無意識的な行動になります。

ここで大事なことは、「受け入れる」ことに固執しないことです。「え？何言っているの？」という感じかもしれませんね（笑）。

何でもかんでも受け入れたほうがよいと言っているわけではありません。ましてやそのときの自我から生じた自分への負の感情も含めて受け入れ続けると、今度は自分がパンクしてしまいます。

どうすればよいかというと、一旦は受け入れるということです。例えば、先ほどの私の例でいえば、会話の途中で遮って「それは違う！」と言うのではなく、それを一旦受け入れることです。

私たちはどうしても「正しい」vs「間違っている」、「よい」vs「悪い」などの二項対立の思考に陥りがちです。しかし、何が正しくて、何が間違っているのかは人の価値観によっても状況によっても変わってきます。

なので、そもそも正しいとか間違っているということなどないのです。すべて正しいかもしれないし、すべて間違っているかもしれない。そのような事柄に対し、自我の心持ちで判断をするからおかしくなるのです。

これは対人関係だけではなく、起きる事象に対してもそうです。自分にとって都合の悪い事象が起きたときに、「どうして私がこんな目に遭わなければならないの？」と思う気持ちが出てしまうことがあります。

しかし、それに憤慨したところで状況が変わるわけでもありません。であれば、憤慨するのではなく、仮にどんなに頭に来ることや、辛く悲しい状況であったとしても、それを受け入れ、なぜそのことが自分に起こったのかを客観的に分析をしてみるほうが役に立ちそうではないでしょうか？

その時の自我の感情に振り回されるのではなく、善悪の判断もしない静かなこころで「すーっ」と受け入れてみる。難しそうですが、自分にそのような受け入れができると信じ込むことから初めてみてはいかがでしょうか？

4　放下著　～手放す勇気～

この禅語は、「ほうげじゃく」と読みます。

「著」は、その前の言葉を強めるためですので意味はなく、「放下」すなわち「捨ててしまえ！」というのが元来の意味合いです。これは、物理的なものを捨ててしまえということよりは、自分についている凝り固まった考えや思考、そして肩書きや名誉などを捨ててしまえといっています。

私自身がキャリアとして社会的な地位や肩書き含め手放したことは、すでに書きました。だからといって、本書を読んでくださっている方に「会社を辞めて自由になれ」ということを言いたいわけではありません。

会社を辞めずとも、今のポジションにいながらも、様々なものを「放下著」

することはできます。

例えば「プライド」。私も誰から言われたのかもう忘れてしまいましたが、昔はよく「プライドを持て」と言われていました。ご存知のとおり、誇りとか自信という意味で使われています。

しかし、よくよく考えてみると、「プライドを持て」とはどういうことでしょうか？　自信や誇りを持つことはもちろん悪いことではありません。では何が問題かというと、その自信や誇りといったものは、すでに過ぎ去ったことに対してのものであり、そのことに対しいつまでも執着をすることが問題なのです。

「よし、やり切ったぞ！」、「困難を必死に乗り越えて実現させられて誇らしい！」このことは、本当に賞賛に値しますし、素晴らしいことです。

しかし、その時で、それは終わりにしなければなりません。

定番の「俺の若いときはなぁ」から始まる昔の自慢話をする人をよく老害などと揶揄しますが、そのようなことを言う方はいつまで経っても「今」ではなく「過去」に生きています。

ストレートにいえば、「今」の自分に自信や誇りを持てないので、「過去」の栄光に縋《すが》るしかないのです。

この気持ち、よくわかるんです。私の周りにも、抜け殻のようになってしまった多くの先輩がいらっしゃいました。話を聞くと、その時に完全燃焼してしまったようなことを仰る方もいますし、あの時と同じような高揚感を中々得られないと仰る方もいらっしゃいました。

これは、私の推察なのですが、そのように仰られたことも正しいとは思います。しかし、大半の方はその時の感情にきちんと終止符を打てていないのではないかと思っています。

どういうことかというと、例えばプロジェクトが終わって自分としては「本当によくやった！」、「すごい頑張った！」と思っていたことに対し、周りから感謝や称賛の言葉がなかったり、組織で正当に評価されなかったりといった、内外でのギャップがそのまま残っているというケースです。

時がそこで止まってしまっているケースです。だから、その後、前に進めない。身に覚えがある方は、その時の情景を思い出し、当時の自分に対して「よく頑張ったね！　あなたはすごい！」と褒めてあげ、その出来事を感謝の気持ちを込めて捨てるのです。

そして、「今」自分ができることにエネルギーを注ぎます。時代も変わり、年齢も上がり、環境も変わってはいるものの、過去と同様に、あることに降り注げるエネルギーや情熱は変わらずあるはずです。

私たちは、自分1人で生きているのではなく、生かされているのですから、その生かされている「今」にどれだけのエネルギーと情熱を捧げられるかということにフォーカスをしたほうが、より楽しい人生を送れそうな気がしませんでしょうか？

「それは私の信念に反する」とか「それは私がやるべきことではない」といったことに囚われ続け、チャンスを逃している可能性はありませんか？　そういった役に立たない自分の信念や思考から自分を解放すると、世界の見え方が一気に広がります。それは自分が鎧の如く身につけていた様々な執着を手放したときに得たものです。手放しても何も悪いことは起こりません。そもそも何もなかったのですから。

5　万事を休息すべし　〜思考から離れる〜

「万事を休息すべし」とは、曹洞宗の開祖道元禅師が坐禅をすすめるために著された「普勧坐禅儀」の一節です。坐禅をするに際し、「人は日々、いろいろなことを考えながら生きているが、何かを考えることをすべて一度やめて、よいとか悪いとか正しいとか間違いだとかいう判断も下さずに坐りなさい」　（出典：https://www.zen-essay.com/entry/hukanzazengi）と書かれている箇所の「何かを考えることをすべて一度やめて」の部分に当たります。

私たちは、1日に最大3万5000回の決断をしていると考えられることを書きました。それほど、目まぐるしく私たちの脳は次から次へと思考を巡らし、決断・判断を迫ってきます。

有名なパスカルの名言「人間は考える葦である」とは、自然の中において人間というものは最も弱い存在ではあるが、思考できる偉大な力を持っているとして、人間の尊厳のすべては考えることの中にあると述べています。

私たちは、思考をせずには生きていけないのではないかとさえ思っています。ただ、少し思考ばかりし過ぎて、思考そのものに囚われていないでしょうか？　思考をすることはもちろん生きていくうえで必須です。

ただ、世の中には「○○理論」だとか、ハウツー本といったものが溢れかえり、あたかもその方法が正しいかの如く説かれています。そういったロジックを知識として頭に入れ、物事の判断に使っているとすると、その知識は自身で経験したものではないため、本当にそれが正しい判断かどうか迷い、また思考をし始めるということにもなりかねません。

ロダンの「考える人」のブロンズ像のように、考え続けることで終わってしまうイメージです。

私が勤めていた会社でも、何回も目論見を書き直させた挙句にリスクやら何やらと結局潰してしまう「石橋を叩いて割る」という言い回しがありました。

思考もポジティブな思考であればまだよいですが、ネガティブな思考に陥ってしまうとそれだけで相当なエネルギーを消耗し、モチベーションも下がります。だからこそ「思考しなければならない」という囚われから、時には、「万事を休息」してみることも必要です。

そのために坐禅や瞑想といったことでもよいですが、掃除、草取り、靴磨きなどに集中すると思考から離れることができます。中途半端にやるのではなく、そのことに没頭する（第1章でお話した「三昧」）のがポイントです。

もう1つ大事なことは、思考ばかりするのではなく、行動に移すことです。私の師匠はこれを「施行《しこう》」と言われています。

禅では、言葉での定義や説明よりも行動し実践することを優先します。まずは実践し、自ら体験・体感することで気づきや学びが深まり、自分の血となり肉となっていきます。

思考に偏りすぎ、リスクやネガティブな予測しか出てこなくなる前に、実践・行動をしてみる。いみじくも私が２０２１年参画した経済産業省・JETRO 主催の「始動～ Next Innovator ～」のプログラムの最も大切にしているテーマは「Thinker to Doer」、考える人から行動する人へ、です。

先ほど例に挙げた「石橋を叩いて割る」評論家といわれるような方々が社内で持て囃される時代が長く続いていましたが、今こそ日本発のイノベーションをどんどん起こしていくためにDoerを増やしていくことが肝要という危機感からこのプログラムは始まっています。

では実践・行動をするとなぜ楽に生きることにつながっていくのでしょう？　それは先にも触れましたが、思考に偏るとどうしても思考そのものに囚われもしますし、リスクやネガティブな予測に囚われます。実践・行動をすれば、リスクは顕在化するかもしれませんし、ネガティブな予測が現実化するかもしれません。

それでもそのような現実が目の前に現れれば、思考だけではわからない気づきや学びも出てきます。それを踏まえて次に進めるのです。

杞憂という言葉があります。中国の杞の国の方が、天が崩れ落ちてきたらどうしようと心配ばかりして寝ることも食べることもできずにいたという古典からきています。

日本語でも取り越し苦労という言葉があります。皆さんもご存知のとおり、結果的に役に立たない予測に振り回される意味合いで使われています。独立する時の決断含め、私も以前はかなりの量の取り越し苦労をしてきました。

しかし、動いてみると結果的に自分が想像していたほどではなかったという確率のほうが総じて高かったと思います。反対に動かなかったことで、後になって「やっておけばよかった」と後悔したことも少なくありません。

皆さんにとってどちらが「楽」でしょうか?

【コラム】パスカルの思考

ちなみに先ほどのパスカルの「人間は考える葦である」には続きがあるのを皆さんご存知でしょうか?

私は最近になってようやく知ったのですが、単に「人間は考える葦である」という切り取り部分だけとはまた違う受け取り方になりました。

せっかくなので、こちらで続きを紹介させていただきます。

「彼をおしつぶすために、宇宙全体が武装するには及ばない。蒸気や一滴の水でも彼を殺すのに十分である。だが、たとい宇宙が彼をおしつぶしても人間は彼を殺すよりも尊いだろう。なぜなら、彼は自分が死ぬことと、宇宙の自分に対する優勢とを知っているからである。宇宙は何も知らない。だから、われわれの尊厳のすべては、考えることのなかにある。われわれはそこから立ち上がらなければならないのであって、われわれが満たすことのできない空間や時間からではない。だから、よく考えることを努めよう。ここに道徳の原理がある。」

（出典：前田陽一訳 由木康訳『世界の名著24 パスカル「パンセ」』中央公論社）

どうでしょうか？

時間や空間に対して無限である宇宙と対峙させて、人間の無力さを表現しながらも、その人間は自分たちの限界（死や有限の時間など）を受け入れており、そこから思考が立ち上がるからこそ人間としての尊厳が守られるのであるということなのでしょうか。

この続きの部分を知るまでは、「人間とは考える葦である」だけで、単に自然に対する挑戦のような感じを持っていましたが、人間としての儚《はかな》さをしっかりと受け入れたうえでの思考ということであれば、納得感が全然違います。そして、これに留まらず、さらに続きがあるのです。

「人間の尊厳のすべては、考えの中にある。だが、この考えとはいったい何だろう。それはなんとおろかなものだろう。考えとは、その本性からいって、なんと偉大で、その欠点からいって、なんと卑しいものだろう。」

（出典：前田陽一訳 由木康訳『世界の名著 24 パスカル「パンセ」』中央公論社）

考えそのものを偉大であると称えつつも、しっかりと「考え」についてのおろかな点も指摘されているところがさらに共感を誘いました。

調べた限りではパスカルが仏教に対し造詣が深かったのかどうかはわかりませんが、パスカルも宇宙という視点から物事を見たときに何か思うところがあったのかもしれません。

6　夏炉冬扇　～待つことを知る～

この禅語は、「かろとうせん」と読みます。夏に炉、冬の扇とその季節には不要なものという意味にとらえられがちですが、実は今は不要でもいつかきっと役に立つときが来るという意味なのです。先にも触れたとおり私たちは毎日数多くの決断をしていることや、時代の流れも早くなってきていることから、できるだけ先送りをしないように早め早めに判断しようとしています。判断を先送りにすること自体に対しても、私たちはやり残しが増えることがストレスとなるため、これを避けようとします。

私もビジネスパーソンだった時代は、テキパキと処理することがリーダーとしても正しいあり方だと思い込み、次から次へと判断をしていた記憶があります。その判断には結果としてよかったものもあれば、早過ぎたものもありました。皆さんの中にも判断が拙速だったと後から振り返って気づかれた方も多くいらっしゃるのではないでしょうか？

また、早く結果を求めすぎる傾向も私たち現代人の多くに当てはまることではないでしょうか？

少しの努力で結果を得ようとする。何かを手に入れようと焦って物事を進める。ハウツー本やノウハウ本がよく売れる理由もここにあると思います。

私自身も、あれもやらなければ自分の立場が弱くなる、あちらもやらなければ成長につながらないと、勝手に思い込みをしていた1人でしたので、その心情はよく理解できます。

このような長年の癖があったので、師匠からは「待つことが大事」としょっちゅう言われてきました。私の焦りが手に取るように見えていたことでしょう。

私は師匠とは定期的にお目にかかり（参禅訪問）色々な会話をさせていただくのですが、その会話の過程で私自身がどの程度の行を積んでいるのかを感知されているのだと思っています。師匠は決して今このレベルだということは言われません。

ただ、私から「今度この経典の意味を教えて欲しいのです」とリクエストしても何も仰らず、そのままスルーされることで、「あ、まだ早いんだ」と自覚するといった感じです。

その反対に、「これを読んでみなさい」と資料を渡していただけることもあります。弟子の状態をよく観察し、じっくりと成長を「待つ」ということの大切さをこのやりとりだけでも私は感じさせていただいております。

機が熟すのを待つともいいますが、その「機」を見極めるにも技量が必要です。禅僧が坐禅堂で坐禅をしている姿を諸先輩が警策《きょうさく》と呼ばれる棒を持って巡回されているのを見られた方もいると思います。

打たれた方はもちろん痛いですが、実は打つほうもその力量を試されていると聞いたことがあります。坐禅をしている僧がどの程度成長しているのか、どの程度瞑想状態に入れているのかなど、「気」を察したうえで励まし、「気」を入れて打つ。

ここでも自他一如にならなければ、本当の意味での警策にはならないとさえ思ってしまいます。

話が少し脱線しますが、「待つ」ことは会話においてもとても大切なことです。

とても大切なことを質問され、それに対し回答をしなければならない状況において、しばらく沈黙して自分の考えを整理しているときに、会話の相手から「ねぇどうなの？」と督促を受けたり、話題を変えられてしまったりしたことで、嫌な思いをした経験はないでしょうか？

私もそうでしたが、会話の途中での沈黙が苦痛でたまらないときがあります。つい、イライラして沈黙を破るときもあれば、相手が言葉を発しないことで不安に感じ沈黙を破るときもありました。

しかし、そこをグッと堪えて相手が口を開くまで待つことができると、お互いにとってよい方向にいくケースが多いと思っています。時間が想定以上にかかるときは「もう少し待ったほうがよいですか？」と聞くように最近はしています。

禅とは実践・行動することだと書いたばかりで、今度は「待つ」とはどういうことと思われる方もいるかもしれません。しかし、「待つ」ということも立派な行動です。「待つ」ということは主体的な行動でもあり、相手に対する思いやりある行動です。積極的に「待つ」ことと、待った先にある「機」を見極めることを一体にして磨きをかけていけるように、改めて自分で書きながら肝に命じているところです。

7　日日是好日　～思いを持って志向する～

この禅語を知っている方は多いかと思いますが、誤解して理解している方も少なくないのではと思っています。

誤解はおそらく日日是好日の字だけを見て意味をとらえているからだと思いますが、「今日も一日好い日でよかった」という肯定的な意味だけではないのです。

仮にその日が最悪の日であったと思えたとしても、「今日はかけがえのない尊い一日であった」と好いも悪いもなく、感謝の気持ちでかけがえのない一日を大切に生きましょうということなのです。

私は得度をしてから、毎朝目覚めた後に「今日も生かしてくださりありがとうございます」とまずは感謝の念を述べています。

学生のときや会社員時代もそんなこととは縁遠く、「今日は雨だからやる気が出ないなぁ」とか、「今日は嫌な会議があるから会社に行くのが億劫だなぁ」などと思っていた朝がどれだけ多かったことか、今から考えるともったいない生き方をしていたなと反省しきりです。

確かに雨が降っていると、湿度が高くなり不快だったり、気圧に敏感な方であれば偏頭痛がしたりすることで、テンションが下がることは仕方がないかもしれません。しかし、そこで「今日は今1つ調子が出ない日だなぁ」と思ってしまったら、そのような日にもなってしまいます。

例えば、朝のテレビ番組で星座占いをやっていますが、アンラッキーな星座が自分の星座だとすると、ちょっとでも嫌なことが起こった場合「そういえば今日はアンラッキーだった」と思ってしまうことはありませんか?

そうなんです、その日がどうなるかは私たちの「思い」=「志向」次第なのです。

だからこそ、私たちには「こころの余裕」が大切なのです。

例えば先ほど例に挙げた「雨が降っている」という朝だとしても、「今日は少し雨の音に耳を傾けてこころを落ちつかせてから出勤してみよう」だとか、「今日が雨だということは、今まで手がつけられなかった仕事に少しのんびりと時間をかけて考えてみてはということかな」などと自分で善い方向に思いを乗せて、つまり「志向」をするだけでもその日の過ごし方は１８０度違ってきます。

第2章で「思い方」について触れたとおり、こころの奥底で「どうせそうならない」と思っていれば、表向き輝かしい未来を強く志向してみてもダメなわけです。こころの底から「今日は絶対にいい日にするぞ！」という情熱が必要になります。

また、前章で不都合を楽しむということも書きました。その不都合な出来事があるからこそ、次の「楽しみ」や「幸せ」が感じられるかもしれないと思えばどうでしょうか？

第3章のコラムでご紹介した鈴木大拙さんの講演の音声をネットで聞いたことがあります（出典：https://www.youtube.com/watch?v=FDTof2TQpPI　17分55秒より）。その中で確かこんな風に仰っていました。「人間は皆極楽に行きたいというが、毎日が極楽であったらもうそれは極楽じゃない。苦があるからこそ初めて極楽のありがたみがわかるのである」。

そしてその「苦」でさえも、自分の志向次第で「自分を成長させるため」ということに置き換えられれば、まさに毎日が「日日是好日」として過ごせるのではないでしょうか。

言うは易しで、私もまだ道半ばですが、志向し続け実践していけば、自分が志向する方向へと進んでいくことは間違いないと確信しています。

8 急がば回れ ～余白を楽しむ～

こちらは皆さんご存知の言葉ですね。

語源は室町時代にまで遡り、連歌師である宗長（そうちょう）という方が詠まれた歌からきているそうです。東海道の草津宿（滋賀県）から京都に行くにあたり、琵琶湖を船で渡るのが近道ではあるものの、「比良おろし」という比叡山から吹き下ろされる風で転覆などの危険が伴うため、遠回りではあるが、陸路を行ったほうがよいという歌だそうです。

もちろん、科学が発達した現代においてはそのようなリスクは予見され、最善の方法を取ることができるようになっており、どちらかといえば、急がば急げといったほうが実情には合っている気もします。

利便性が高まったことで、常に「忙しい」と言っている私たちにはありがたいことではある一方で、失ったものもたくさんあります。それを思い出させてくれたのが、詩人である谷川俊太郎さんの「急ぐ」です。ここで引用させていただきます。

「急ぐ」
こんなに急いでいいのだろうか
田植えする人々の上を
時速二百キロで通りすぎ
私には彼らの手が見えない
こころを思いやる暇がない
この速度は早すぎて間が抜けている
苦しみも悲しみも怒りも不公平も絶望も

すべて流れてゆく風景
こんなに急いでいいのだろうか
私の体は速達小包
私の心は消印された切手
しかもなお間にあわない
急いでも急いでも間にあわない

（出典：松原泰道著『般若心経入門』祥伝社黄金文庫より「急ぐ」（谷川俊太郎）


いかがでしょうか？

皆さん人それぞれ感じるところはあると思います。

昔話をしても仕方がないかもしれませんが、35年前に初めて出張をさせてもらった時代は、必ず1泊していました。例えば、当時勤務していた名古屋から秋田の田代に出張したのですが、新幹線も東海道以外はない時代でしたから特急を乗り継いで行ったと思います。

携帯やパソコンもない時代でしたので、車中では上司の方と色々な話をしたり、本を読んだり、外の景色をぼんやりと眺めたりしていた記憶があります。

そして、現地ではご当地のお店でそこでしか食べられないものに舌鼓を打つ。そのときは、2泊したと思います。

上司と一緒にいる時間が長い点は別にして、出張はとても楽しく感じるものでした。

現在はというと、言うまでもありません。日本全国のみならず、韓国ソウルでも日帰りできてしまうような時代です。私たちは本当に豊かになっているのかとついつい思ってしまいます。詩の最後の一文、「急いでも急いでも間にあわない」が重く私たちにのしかかってきます。

私たちは、何に急かされているのでしょうか？　何に対して慌てているのでしょうか？

昔は「道草を食う」という言葉もよく使っていた気がします。最近は何でも管理されていて、道草を食う余裕もなくなっているのではないでしょうか？

この余裕のなさが、一見効率よく動いているように感じられるも、逆に自分を息苦しくしている要因ではないでしょうか。

もちろん、会社の出張中に道草ばかり食っていてはすぐに携帯に電話がかかってきて、早く戻れと言われるのが関の山ですが、せめてプライベートなときほど、自分時間でゆったりと急がば回れ精神で過ごしてみてはいかがでしょうか？

私は旅行をするときにツアーではほとんど申し込みません。もちろん、ツアーのほうが計画を立てる必要もなく、すべてお任せしておけばよいメリットはあるのですが、自由度がなさすぎるうえに、詰め込みすぎて消化不良を起こします。

その土地でどんな人がどんな暮らしをしているのか？　どんな食べ物を好んでいるのか？　スーパーにはどんなものがいくらくらいで売っているのか？　そんなことを自分の時間軸でじっくりと見たり聞いたりするのが旅の醍醐味だと思っているからです。

つい先日も青森から車で千葉の自宅まで高速道路で戻るつもりでしたが、岩手県一関市まで敢えて高速道路を使わずに一般道で帰る予定に急遽変更しました。

今書いているこの原稿も脱稿の予定を大幅に過ぎており、さっさと帰って書き進めなければいけないですし、高速を使えば2時間は時間を短縮できるので、それだけを考えれば道草を食うことは時間の無駄ということになります。

しかし面白いもので、敢えて道草を食ったことで、意図せず色々なご縁に出会いました。たまたま通りかかったところの看板に書かれたアテルイ（奈良末期から平安初期の蝦夷の族長と言われている方でときの大和朝廷の坂上田村麻呂らの東北征討軍と戦った人物）の碑の文字に惹かれ、ふらっと立ち寄るとそこは5か月ほど前にまさに夢で見たものと同じ、苔むした石段が100段以上ある古い神社の参道に出会いました。

さらには奥州平野を一望できる場所に出会ったり、蓮池で蓮の鑑賞をしたりと予定よりも2時間多く費やし、トータルで当初予定より半日ほどオーバーしましたが、心からこの道草を満喫しました。

機械でも部品同士がきちっとはまったものより少し「あそび」があったほ

うがよいといいます。車のハンドルも「あそび」がありますね。人生も同じく、何でもぴっちりとするのではなく、ちょっとした「あそび」があることで全体として座りをよくすることにつながるのだと思います。

9 慈悲 ～謙虚と感謝と思いやり～

慈悲という言葉は、皆さん聞いたことがあると思います。

「あの人はとても慈悲深い人だ」と使ったりしますが、慈悲とは何だろうか？　ということを考えると、なかなか私の中でもピンポイントでこれだ！というものがないくらい、幅広くそして奥深い言葉だと思っています。

何となく最初に慈悲という言葉を聞いたのはその昔、時代劇を見ていたときに年貢を出せと要求する悪代官にお百姓さんが、「どうかお慈悲を～」と泣きながら拝んでいたシーンだと思います。そのためか、慈悲という言葉は慈しむというよりも憐れみ的な要素のほうが強い印象が刷りこまれてしまっていた気がします。

もう少し「慈悲」という言葉のイメージを持ってもらうために、「四無量心（しむりょうしん）」を説明させてください。

「四無量心」は仏教において理想的といわれる精神を指していて、「慈無量心（限りない慈しみの心）」「悲無量心（他者の痛みをともにする心）」「喜無量心（他者の喜びをともにする心）」「捨無量心（自らの都合を捨てていく心）」の4つの精神です。

私はこの4つセットの中で慈悲を考えると、イメージがより湧きますが、皆さんはどうでしょうか？

私の師匠がよく引き合い出す例として、電車に座っていると、ご年配の方が乗って来られたときの話をされます。年配の方が視界に入ったとき、無意識に席を立ち、「お席どうぞ」と声をかけられるか、はたまた無意識に動く前に、意識の中で「周りの人からいい人だと思われるだろうか？」とか、「私も今日は疲れているからなぁ」など考え始めてしまっているか。

こんな経験は皆さんお持ちだと思いますし、座席を譲るというシチュエーションではなくても、道端で誰かが突然倒れたら、無意識にすぐ駆けつけ「大丈夫ですか？」と声をかけることも、私たちは当たり前にやっていると思います。

「四無量心」という言葉を使うと、修行をしなければ身につけられないと思われる方が多いかもしれませんが、実は誰もが自分の中に持っている精神のことであり、自分も持っているんだと自覚をすればいいだけなのです。

また、話は脱線しますが、「自覚」という言葉も面白いですね。自ら覚《さと》るのが「自覚」なのです。

さて、「慈悲」に戻ります。

この慈悲のこころを磨くために師匠が口酸っぱく伝えられていることが、「謙虚と感謝と思いやり」の3つです。

1つひとつの意味を説明する必要もないでしょうし、皆さんよくご存知であり、かつ大切なことだとわかっている言葉です。それでも毎日実践できていますかと問われれば、「はい！」と即答できる方はどれくらいいらっしゃるでしょうか？

いや、果たして「はい！」と答えられるのかどうかというくらい、これもまた奥が深く、際限ないことかもしれません。

例えば「感謝」であっても、人から何かをしてもらったお礼としての感謝は皆さんなさっておられると思いますが、食事をいただけることに対する感謝はどうでしょうか？

当たり前のように私たちの目の前に食事が供《きょう》されますが、食材にしても、誰かがつくらなければ自分の目の前には現れません。

そして、さらには食材が育つためにも色々なものが必要です。野菜であれば、良質な土、水、日光に雨、そして育て収穫する農家の方、それを配送する方、それを店頭に並べる方。考えればキリがありません。

そういうご縁の１つひとつが積み重なって自分の目の前に食事として供されていることを考えている方はおそらくほとんどいないのではないでしょうか。かく言う私もそんなことを考えもしていませんでした。

さらに、私たちは今この世に生かされていることへの感謝も忘れがちです。

私たちは自分で生きていると思いがちです。よく考えればこれも謙虚な姿勢ではないですね…（笑）。すでに色々な方が言われているとおり、私たちは

1人では生きていけません。そのようなことへの感謝も忘れがちです。

私たちには日々感謝しなければならないことが多すぎるくらい、そんな奇跡の中で生かされていると思えれば、自ら「謙虚」にもなれるし、あらゆるものに対しての「思いやり」も持てるのではないかと思います。

今から振り返ると、私にはこの感謝の念が圧倒的に足らなかったのだと思います。それなりに感謝の言葉も述べていましたし、それなりに謙虚でもあり、思いやりもあったとは思います。

それでもこころの奥底では「自分がやっている」「自分だからできている」などといった凄まじい自我が見え隠れしており、感謝の気持ちを口に出しても、相手にもしっかりと伝わらないということが起きていたのだと思います。

「ありがとう」というのは不思議な言葉です。言ったほうも言われたほうも幸せな気分になります。そして、人だけではなく、物でも植物でも動物でも、「ありがとう」と心から自分の気持ちを伝えると、自分のこころも安らぐ経験はありませんでしょうか？　反対に罵声を浴びせた後の自分のこころの状態と比較してみると、より安らぎ具合が顕著になるのではないでしょうか。

大阪教育大学附属天王寺中学校の自由研究で「言葉の力」は本当なのか？というレポートがインターネットに掲載されています。（出典：https://f.osaka-kyoiku.ac.jp/tennoji-j/wp-content/uploads/sites/4/2020/09/41-04.pdf）

この研究は植物やご飯や人に対し、「ありがとうと言う」「ばかやろうと言う」「言葉をかけない」の3つを毎日実行し経過観察したものです。例えば「ありがとう」と声をかけた植物は「ばかやろう」と声をかけた植物よりも約2か月後に葉の数が7枚多く増え、同じ要領で実施したご飯は「ばかやろう」と声をかけたほうに黒いカビが発生したそうです。今後科学的にもより解明が進んでくるとは思いますが、言葉によって言うほうも言われたほうも何らかの影響を受けることはありそうです。

このように書いてくると、何でも許容して感謝をしなければならないと思われる方もいるかもしれませんが、思いやりの中には相手を思うからこそ叱ったり、励ましたりという行為も必要です。要はただ叱り飛ばすということではなく、こころを込めて叱ることが大切だということです。

私はこれも下手くそでした。ただ叱りつけるか、私が根負けして妥協して受け入れてしまうか。中途半端なことが多かった気がします。

想像できると思いますが、この中途半端な状態は私にとっても相手にとっても好ましい状態にはならない、まさに後腐れだらけのlose-loseな関係になってしまいます。

ポジティブな感情はサッと消えていきますが、ネガティブな感情は時間とともに忘れるかと思いきや、ある日突然記憶の引き出しから呼び覚まされ、何度でも現れる経験をしていました。そのときに謙虚な気持ちを持ち、思いやりを持った行動を取れればどれだけスムースに相手との関係性を良化させられたかと思います。

自分に対する謙虚な気持ち、あらゆるものへの感謝の念、そしてあらゆるものへの思いやり、私たち1人ひとりがこの精神で毎日過ごせれば、大袈裟かもしれませんが、平和な世の中になると思うのは私だけでしょうか。

そして、大切なことは慈悲を外に対してだけ向けるのではなく、自分に対しても向けてあげることも大切です。今の自分に慈悲のこころを持って受け入れてあげることによって自分も楽になれます。

「慈悲」はこの章で触れたことの大半を抱合するものだと思っています。皆さんも皆さんなりの「慈悲」を模索しながら、謙虚と感謝と思いやり精神で日々を楽に過ごしてみませんか？

10　知恵者から智慧者へ

「智慧」という言葉は第２章でも触れました。本や人から教えてもらった知恵ではなく、自分で行動し、実践し、体験したものから得た本質的な気づきであり、小さな悟り（小悟）でもあります。

知恵が不要だと言っているわけではありません。

「行学一如（ぎょうがくいちにょ）」という禅語があります。

どちらか一方だけではダメで実践と学びをバランスよくやる必要があるということです。学んだことを自分で追体験することもあります。あの時、あの本に書いてあったことはこういうことだったのか、という体験をした方もいると思います。

ただ残念なことに、私たち日本人は教育システム、特に偏差値教育の影響もあり、どうしても知識偏重になってしまっています。

知識だけあっても、実践できなければ役に立たないことは誰しもがわかっているはずですが、どうしても次から次へと新しい知識を詰め込みたがる。私もまだ往年の癖が抜けずに何か新しいメソッドが出れば、ついつい手を出してしまいそうになります。くどいようですが、悪いことではありません。でもそれを役に立つようにしなければ知識・知恵に終わってしまいます。

極端な例を挙げます。苦手な対人関係をよくするためにコミュニケーション術や交渉術などを必死に学んだとしても、人と接する機会を積極的につくり、話をする経験を積まなければ、学んだことが役に立つのか、あるいは実践的なのかがわからないということです。

私は、この往年の癖との戦いのときに、本当に今それが必要なのか？　を自分に問いかけています。そして、すでに手をつけたものでも、まだそれが必要か？　と自問します。

中途半端に終わらせるよりは、最後まで諦めずにやり切ったほうがよいという考えももちろんありますが、刻々と変わる自分がやるべきことを軸として考えたときに、必要ではなくなってしまったことを手放さずにいるほうが、自分を苦しめることにもなると感じたから、手放すことを選択するようになりました。

この章で「待つ」ということも触れましたので、どちらが正しいか、それは後になってみないとわからないことですが、だからこそ、本当に必要かどうかという点について真剣に自問するのです。

それでも間違っていれば、またやればいい、一旦真剣に考えて何かをやめても、それくらいの柔軟な気持ちを持っていればいいと思っています。

私の師匠から抽象的なことを言われることが多々あります。

例えば、「その修行を続けているとこういう感じのことが起こるよ」と。

これはいくらネット検索をしても、本を読み漁っても、中々明解に辿り着くことはできません。ですので、ひたすら自分で我慢強くやってみる。師匠が言われていることが起こらなくても、違うことが起きたりもします。それも自分の体験であり、新たな気づきへとつながったりします。

歴史上の科学者が失敗した実験から偶発的に発見につながったという例を思い出してください。正解のないことに対し、何が起こるかわからない以上、自分で試行錯誤をしながら前に進むやり方が智慧者としての第一歩なのだと思います。

私もノープランで独立し、当初はコンサルティング的なことをやるのか、メンター的なことをやるのか、明確なゴールがない状態でした。

それでも、ただひたすらに、その時々にやりたいと思ったことや直感的にやるべきと思ったことをやってきました。まだ、最終ゴールは見えていませんが、何かに向かって前に進んでいる実感はしっかりとあります。

智慧者の道は挑戦者の道でもあると思っています。

そして挑戦者で居続けることは、苦しいことや辛いことがある分、より一層楽しいこともあるということです。

おそらく皆さんも今までの人生経験の中で、何らかの挑戦をしてそこに苦楽を見出してきたと思いますので、潜在的にはわかっていると思っています。

一度しかない人生をどう過ごすか。決めるのは皆さんお1人お1人です。

第8章　これからの時代に必要なもの

1　一水四見　～宝はいたる所にある～

「いっすいしけん」と読みますが、字から想像してもらえればわかると思います。

同じ水でも見方によってとらえ方が異なるということです。経典の中では我々人間が見る透き通った液体、天界の方々からは宝石の池、餓鬼《がき》は血膿《ちうみ》の池、そして魚にとっては住処《すみか》であると説かれています。

会社員時代も物事をもっと多面的に見なさいとよく言われていましたが、私たちは自分の見えている部分を一面的にとらえる癖がなかなか抜けません。さらにタチの悪いことに、自分で一度バッテンをつけてしまったものに対しては、下手したら見向きもしません。それでも、私たちはそんなことをしてはいけないと潜在的には知っているのです。

常に新しいものを追い求めることも悪くはないのですが、もう一度違う視点で周りを見回してみるとどうでしょうか？

一番わかりやすい例が本かもしれません。

タイトルに惹かれて買ってみたけれども、パラパラとめくってそのまま本棚にという本。そんな本でも、時を経てタイミングが合えば、自分にとって玉手箱のように至言《しげん》が散りばめられていたという経験はないでしょうか？

それから人間関係もそうですね。

しばらく縁遠かった方のことをふと思い出してコンタクトをしてみたら、そのときの自分にとても力になってくれたこともありました。

物理的なものであっても、人間との関係性であっても、自分の周りに存在し続けている意味があると思っています。そしてそれがいつ自分にとっての宝になるのか、自分の見方・思い方次第でも変わってくるのです。

現代はものが溢れ、ネットで容易に人とつながれる時代であるからこそ、余計に目新しいものに目が行きがちになるのは仕方のないことかもしれません。それでも、自分の身の回りにあるものを今一度様々な視点・視座から見つめ直してみれば、自分にとって大切と思える宝物に出会えるかもしれません。

そして第5章でも触れた「明珠在掌（みょうじゅたなごころにあり）」という禅語が示すとおり、「明珠」すなわち宝物は外ではなく、「在掌」自分の手のひらの中にあるのです。

つまり、自分と思っている自分をまた違う視点・視座で見つめると、自分の中にもしっかりと宝物があるということがわかるということです。「私なんてどうせあの人と比べたら」とか「私には何の取り柄もない」という見方しかできなければ、本当にそうなってしまいます。

本来の自分が何者なのかという視点で無我夢中に自分と向き合うことで人から見た宝物ではなく、自分が宝物だと思えるものに出会えるはずです。あなただけの宝物は何でしょうか？

2 人生100年時代に必要なもの
～教養・修養・涵養～

医学の発展もあり、平均寿命が延びたことで人生100年時代と言われるようになりました。私が20代30代の頃に見ていた当時の60歳と自分を比較してみると、多少贔屓目があったとしても、明らかに10歳は若返っているのではないかと思います。現に私の周りで活躍している同年代の方も驚くほど若々しく、元気溌剌とした方が多いことに驚かされます。

一般的に人生１００年時代においては、今までと違い、どういう形であれ、80歳までは社会と関わり続ける必要がある。そして今まで言われていた「老後の隠居生活」は80歳からという線引きがされています。あくまでもロールモデルの話ですので、これに従う必要もありませんし、私自身は必要とされるのであれば、生涯現役でいたいとさえ思っています。

さて、この１００年時代に必要なものとは何でしょうか？

戦後からの右肩上がりの時代は終わったとか、土から風の時代に突入したとか、時代の節目であるということはあちこちで聞かれます。

私たちは何か新しい時代が始まると、新しいスキルを身につければならないと思ってしまいます。

その度に、新しい本が仕掛けられたり、新規講座が開講したり、メディアも煽ることすらあり、ある意味よくできたビジネスモデルだと思います。

私もその煽りに乗っかってしまったことも多いですが、私の場合、実践的に使い続けているのは記憶している限り、残念ながらコーチングとビジネスモデルキャンバスくらいではないかと思います。

もちろん、私も好奇心旺盛ですので、生成ＡＩなど、注目される新製品などはできるだけ自分で体感してみるようにはしていますし、新しいものには当然ワクワクもします。

それでも、結局は自分の魂に響かないものはどんどん自分からは離れていってしまいます。あるいは無意識に手放していったのかもしれません。

日本は第二次大戦で敗戦国となったことで、それまでの歴史を否定し、愛国心などの考えから一気に遠ざけられました。そして、史実が何であるのかということすら曖昧にされております。

その時から怒涛の如く西洋の考え方が流入し、日本とは何か、日本人とは何者か、という観点で物事を見る・考えることが知識人や思想家を除いて大衆レベルではなくなってしまったと思っています。

私がこのことを何気なく感ずるようになったのは、小学校5年生で日本に帰ってきた時でした。流石に細かいところまで覚えていませんが、アメリカの小学校では歴史上の人物がどれだけの偉業を成し遂げて現在に至っているのか、アメリカへの愛国心・忠誠心といったものをしっかりと理解させる授業が多かったことに対し、日本の教育ではほとんどそういった授業がない違和感でした。

第2章でも触れたとおり、海外を担当する中で、様々な国の方々から日本とは？　日本人とは？　という質問をよく受けました。若い頃は無知でもあったため、巷で言われているようなことをステレオタイプで「日本の政治家は無能で、自分たちの利権しか考えていないので、日本は全然ダメな国です」などと答えていました。本当に恥ずかしい限りです。

先日ある方のお話会で聞いたことなのですが、大学生が留学先で様々な国の方々とミートアップする機会があったそうです。何も知らされていない中、突如始まった1人ずつの自己紹介。内容は自国についてのお国自慢、例えば建国は○○年、このような英雄がいて、私は自国を誇りに思いますと言った後に、国家まで斉唱したそうです。

参加していた日本人の焦りは想像を絶するものだったと思います。

話が少し横道に逸れてしまいましたが、私たちは何を失ってしまったのでしょう？　歴史観もそうですが、利便性・効率性を追求したことで失ったものが数多くあります。

その中で、私の師匠が人間として大切なものとして掲げた「教養・修養・涵養」という「素養」に惹かれました。特に「涵養《かんよう》」です。「涵養」という言葉は現代ではあまり使われていませんが、大辞林には次の説明があります。

「水が自然にしみこむように、少しずつ養い育てること。」

（出典：『大辞林　第四版』　松村明編集　三省堂）

例えば、漁師の方が指を唾で湿らせて風に当てることで雨が降るかを見るという動作を見たことがあると思います。ここには科学的な根拠は希薄ですが、おそらく小さい頃に代々受け継がれてきたことを見様見真似でじっくりと身体にしみ込ませながらわかるようになってきたと想像します。

このように日本人は感覚的なことを大切にしてきた民族だと思っていま

す。私が入社したときに現場実習という今思えばとても貴重な機会があり、現場でベテラン作業者の作業を手伝う経験をさせていただきました。その中で航空機の胴体のリベット打ち（2枚の鉄板を接合させること）をさせていただいたのですが、確か言われたことは「ここに真っ直ぐ当てて、グッと入ったと思ったらそこで止めればいい」みたいな感じだったと思います。

いやいや、人を運ぶ航空機の大事な部品なんですから、もう少し丁寧に説明してほしいと当時は思いましたが、今となってはそう言ったことがご本人にとっては感覚的なことだったので、説明できなかったのだろうなと思います。よい悪いは別にして、デジタル化が進むことで「こんな感じ」とか「そんな塩梅で」という言葉を使われることが少なくなってしまうのかもしれませんが、「こんな感じ」とか「そんな塩梅」という感覚を私たち日本人にじっくりとしみ込ませてきたのが「涵養」でもあると思っています。

先日YouTubeで1860年ごろに日本で撮られた写真を流している海外のコンテンツがありました。生活水準としては明らかに現代のほうが高いことは言うまでもありません。

アスファルトではなく土の上を闊歩する人たち。妹や弟を背中におんぶしてお手伝いをしている小学生くらいのお姉ちゃんたち。奥深い雪の中を藁でできた雪帽子を被って歩く子供たち。その時代に生活してみろと言われたら、100%根を上げる自信がありますが、でもそこに何か私たちが失ってしまったものを垣間見た気もするのです。

「教養」と「修養」は私たちも日常で養うべく意識しているところだとは思います。特に最近は「教養」という言葉がブームにもなっており、タイトルに「教養」をつけた本を多く見かけます。我が師の著作もそうでした(笑)。こういった教養を身につけることは素晴らしいことですが、得た教養を実際に使いこなせるかどうかがポイントです。

「あの人の知識量はすごいけど、お客さんの前では説得もできないよね」などと言われてしまう方が昔いらっしゃいましたが、せっかくの教養が宝の持ち腐れになってしまいます。

「修養」はどうでしょうか?　よく精神修養という使われ方をするので、メンタルを鍛えるというイメージを持たれている方もいると思います。

「修養」は大辞林には「学問を修め精神をみがき、人格を高めるよう努力すること」（出典：『大辞林　第四版』　松村明編集　三省堂）と書かれています。

人格を高めるとなると、かなりハードルが上がる気がしますが、学んだことを身心にしみ込ませ、実践しながら、よりよい自分になろうと思い続ける情熱だと私は今となって理解しています。私が「修養」を会社員時代にできていたのかと問われると、よりよい自分になろうという情熱はあったようには思えますが、今ほど明確ではなかったと思います。

吉田松陰の有名な言葉で「学は、人たる所以を学ぶなり」があります。なぜ「教養」や「修養」が必要なのかということがこの一文で表されていると思うのです。

自分をよく見せるためであるとか、箔をつけるためという理由もあってもよいと思いますが、根本的なところでは人が人であるためにどう生き切るべきなのか？　ということに近づくためのものでありたいと思っています。

そして「涵養」です。

自分が体験したことのみでしか身につけられない智慧。知識偏重だと言われる今だからこそ、「涵養」を身につけ、感性を高めていく。この感性を高めるとは言い換えれば自然と共生していくことです。リジェネレーションや循環型エコノミーという言葉が出てきて久しいですが、この考え方こそが私たちが元々持っていた考え方だったはずです。自然を単に崇拝するだけでなく、畏敬の念を持って接する。

惜しくも3年前に他界された筑波大学の名誉教授でいらっしゃった村上和雄先生の著書で私の愛読書の1つでもある『スイッチ・オンの生き方』（致知出版社）の1ページを引用させていただきます。

～サムシング・グレートの意思に沿って生きる～

「人間の遺伝子の暗号を書いたのはサムシング・グレートです。また、地球などの自然もサムシング・グレートの身体なのかもしれません。われわれが自然の中で暮らすと元気になるというのは、サムシング・グレートの意思に沿っているからだと思います。だから、サムシング・グレートを喜ばすような生き方をすれば、遺伝子はオンになると私は思っているのです。」

（出典：村上和雄著『スイッチ・オンの生き方』致知出版社）

皆さんの遺伝子はオンでしょうか、オフでしょうか？

3　後輩に美田を残す

私がこの言葉を最初に生で聞いたのは入社式でした。どの役員の方のご発言だったかは忘れてしまいましたが、この言葉だけは今でも記憶に残っています。

私たちが今こうして生きていられるのは、脈々と紡がれてきた先人たちのこの精神があったからこそではないかと思うのです。

誰もが持っている我が子には幸せになってもらいたいという慈悲のこころが世代間で紡がれ今に至ってきている。そう考えると自分のご先祖様含め、あらゆるものに対する感謝の気持ちが溢れてきませんでしょうか。まさにサムシング・グレートへの感謝です。

私が生まれた家では神棚も仏壇もありませんでした。かろうじて祖母の遺影だけは両親の寝室に置いてあったくらいです。

お墓参りには出向きましたが、お彼岸やお盆という時期にこだわらず、年に一回お参りする程度でした。神社も初詣には行きますが、私にとっては儀式のようなものでした。

そんな家庭に育ったこともあり、宗教心や信仰心といったものには興味・関心もゼロでした。しかし、今まで生きてきた中で、「なぜ？」と思われるようなことが何度もありました。

自分が困っているときに必要な方が目の前にふっと現れる。これは一度や二度ではありません。子供のときに夏休みでバハマ諸島に行った時です。1人で、海で泳いでいると「スッ」と引きこまれ、手を出したらすごい勢いで穴に吸いこまれました。このときもどうやってそこから抜け出たのかわかりません。

そして、会社員時代に一度だけメンタル的に参った時があり、入線する電車にフラーっと吸いこまれそうになった時は、急に首根っこを掴まれて引き戻されたこともありました。

これが何であったのか、何なのかということは当時全くわかりませんでしたが、今では太古から紡がれてきた慈悲のこころが1人ひとりの今生きている私たちに対しお守りして下さっているのではないかと思っているのです。

それゆえに、今を生きる私たちもこの慈悲のこころを持って、これからの時代を担っていく子供たち、孫たち、ひ孫たちが楽しく、幸せに生きていける世を残しておかなければいけない。「後輩に美田を残す」という言葉からこのような思いに至るために、サムシング・グレートな存在が私の記憶の中に刻みこんでくれたのではないかとすら思えるのです。

「自分に執着するから生き方が苦しくなるのである」

私がまだ浅薄ではあるものの、師匠の元で学ばせていただく中で自分なりに思い至っているところです。残りの人生をどう生き切るかを試される還暦です。

著者略歴

櫻井　新悟（さくらい　しんご）

株式会社 Conovate Square　代表取締役
曹洞宗高雲山観音寺 徒弟
株式会社ライフシフト Vice President
その他企業アドバイザリー３社
浜松商工会議所アドバイザー（2024 年 4 月～）

1964 年 8 月　神奈川県川崎市生まれ
大企業を 52 歳で飛び出し転職。転職先で 4 年勤務したところで親の介護もあり退職・起業を決断。起業後に禅と出会い、58 歳の時に出家得度。
現在企業向けアドバイザー・研修講師を生業とし活動中。
禅によって 50 代後半でも自己変容でき、楽しい人生を送れるということを 1 人でも多くの方にお伝えしていくことを目標にしている。
元三菱重工業株式会社主幹
元三菱重工マシナリーテクノロジー株式会社　社長室長
元株式会社フジシールインターナショナル　執行役員

なぜ元ビジネスパーソンが禅を学んで楽に生きられるようになったのか　人生 100 年時代を生き切る智慧

2024年 10 月21日 初版発行

著　者　櫻井　新悟　© Shingo　Sakurai

発行人　森　忠順

発行所　株式会社 セルバ出版
〒 113-0034
東京都文京区湯島 1 丁目 12 番 6 号 高関ビル 5 B
☎ 03（5812）1178　　FAX 03（5812）1188
https://seluba.co.jp/

発　売　株式会社 三省堂書店／創英社
〒 101-0051
東京都千代田区神田神保町 1 丁目 1 番地
☎ 03（3291）2295　　FAX 03（3292）7687

印刷・製本　株式会社 丸井工文社

Printed in JAPAN
ISBN978-4-86367-926-9